卡內基

經典新版

人性揭密教典

戴爾·卡內基／原作
舒丹、楊菁、王蕾／編著

卡內基 Dale Carnegie 人性揭密教典

目錄

卡內基
人性揭密教典

Dale Carnegie

目錄

積極地去生活，面對挑戰，找回自信，將夢想化為行動，激發自己的生命潛能，這樣，你就能在成功的道路上邁出最為堅實的一步。

「前言」

在泥沼中掙扎的人，一隻手，就可以幫助他脫離困境。
在黑暗中迷路的人，一盞燈，就可以引領他奔向光明。
在生活中困惑的人，一句話，就可以激發他無窮的力量。
卡內基的人生智慧，是能夠影響我們生命之旅的希望之手，也是能夠改變我們人生軌跡的理想之燈，更是教育、鼓舞和激勵我們走向成功的金典之言。

卡內基，這個在美國乃至世界家喻戶曉的名字，這個幫助過千百萬人克服人性的弱點，開發人的潛在智慧，從而開創了人類成功學之先河的人生大師，是他，聚集了人類的智慧，總結人生成功的經驗，最終發現了人生成功的奧秘和獲得快樂人生的真諦，並施惠於千百萬人。一百多年來，卡內基的人生智慧，激勵著無數人獲得了財富，獲得了權勢，獲得了成功，獲得了人生的幸福與快樂。

人生，是一個最難說得清、最不好概括、最不易掌控的生命歷程。有的人窮其一生，也無法悟出人生的真諦；有的人奮鬥一生，卻仍只是在成功的邊緣上徘徊；有的人一生顯耀，到頭來卻一無所有；有的人一生富有，卻終究找不到生活的快樂。這時的人們，最需要的是人生導師的點撥，最需要的是人生智慧的啓迪。因爲，一句精闢的人生格言。就可以影響和改變他的一生，使他的人生前途接近光明，帶來希望，與成功對接。

聆聽成功學大師卡內基的人生經典格言，領悟他的智慧思想，可以爲每個追求夢想的人，尤其是爲廣大青年朋友，提供有益的精神食糧，同時可以讓我們領悟到生活的真諦，理解到人生的意義和價値，找到自己的幸福與快樂。

卡內基雖然早已離我們而去，然而在今天，當我們重溫這位人生大師所留下的哲理名言時，仍對我們有著充滿魅力的啓迪和借鑒。今天，當我們翻開這位成功的智者所提示的智慧經典時，仍無法抑制內心的衝動與尊敬。卡內基的人生智慧，是一面鏡子，可以折射人性的本色；是一雙聰慧而有力的手，可以撥開我們人生的迷霧；是一盞明亮而溫暖的燈，可以幫助我們找到自己的希望之路、成功之路。

爲了讓廣大讀者朋友能夠在較短的時間裏，學習並掌握卡內基的人生智慧，我們分析研究了卡內基的全部著述，並從中找出最能反映他的思想、對當代青年最有啓迪意義的精彩內容，編輯成本書。

書的價値在於其思想內涵，思想的魅力在於其感人育人。當青年朋友正在走向成熟的時候，最需要智者的指導。當人生中遇到困惑時，最需要思想的感召。這本富有指導與啓迪意義的介紹卡內基人生智慧的書，最顯著的特徵是思想深邃，喻理入情，具有可參考、可借鑒、可操作運用的鮮明特點。

本書告訴你：人生應該持怎樣的態度，人生要恪守哪些法則，在生活中我們應該如何潔淨心靈，如何智慧處世，如何依靠自我走出人生的低谷，如何善於生存並創造出生命的奇蹟。

本書以卡內基的智慧金言引路，以成功者的人生經驗作詮釋，幫助廣大讀者充分釋放自身的潛在能量，正確面對人生的挑戰，從而改變現狀，創造出一個嶄新的自我，一個快樂的人生。

每個人都有自己的夢想，每個人都想實現自己的夢想。誰不想活出精彩，活得轟轟烈烈，卡內基的人生智慧會為你的夢想插上翅膀，本書願幫助每個追夢人，其人生的未來，如星月般耀眼，如彩虹般壯麗。

舒丹博士

上篇
領悟快樂人生的真諦
——如何保持真我的本色

一念驚覺，船登彼岸，念頭稍異，境界頓殊。

幸福和快樂，不同的人有不同的感覺。面對同一種處境，有的人感覺不滿，有的人卻可能會覺得快樂。這是為什麼？念頭不同罷了。

所以，快樂有時就是一種感覺，一種人生態度。用快樂的目光和充滿才智的心靈，可以從生活的點滴小事中發現快樂。保持一種平常心，就能培養一種快樂的心理。

快樂是人生的最佳營養。肯定自我，保持一種樂觀向上的心境，就能夠時時感覺到快樂。設身處地為他人著想，切實地去幫助他人，就能與人分享快樂。快樂有時就像一個蘋果，當你把蘋果分給別人時，別人也就感覺到了快樂。

第一章
快樂是人生的最高藝術

1 快樂是一種人生態度

戴爾．卡內基智慧金言

- 幸福並不是依靠外在的世界，而是依靠內在的思想
- 當你能夠用行動顯示出你的快樂時，根本就不會再憂慮和頹喪了
- 在這世上，人人都只有唯一的一次機會去體味人生這場精彩的探險。何不精心安排，全心全意地活得充實，活得快樂？

世界上的每一個人，都在追求幸福。有一個可以得到幸福的可靠方法，就是用控制你的思想來得到。幸福並不是依靠外在的世界，而是依靠內在的思想。

決定你幸福或不幸福的，不在於你擁有什麼，或你是誰，或你在什麼地方，或你正在做什麼，而在於你怎麼想。例如，兩個人也許在同一個地方做同樣的事，雙方也許擁有等量的金錢和聲望，但其中之一也許很難過，另一個卻很快樂。爲什麼？因爲各人的想法不同。

在酷熱的熱帶地區，那些可憐的農奴用他們原始的農具耕作著，在他們身上可以看到許多快樂的面龐。而這些快樂的面龐卻無異於人們在紐約、芝加哥、洛杉磯的冷氣辦公室裏所看到過的。

「沒有什麼事是好的或壞的，」莎士比亞說，「但思想卻使其有所不同。」林肯曾說：「多數人快樂的情形，跟他們所決心要快樂的差不多。」卡內基在他的演講中多次引用林肯的這一名言。

卡內基還講過他親身經歷的一個故事：

有一次，卡內基剛踏上紐約長島火車站的階梯。就在他面前，有三四十名拄著拐杖的男孩，正艱難地走上樓梯；有個男孩還必須靠人抱上去。他對他們的笑聲和快樂的心情感到吃驚極了。他和一個帶領這批孩子的人提到這一點。「呵，是的，」那個人說，「當一個孩子發覺他一輩子將是個跛子時，最初會驚愕不已；但是，等他的驚愕消逝之後，他就接受了自己的命運，於是就比一般正常的孩子們更快樂一點。」

卡內基說，他真想向那些孩子們敬禮。因爲孩子們教了他一課——快樂就在自己的心中。

偉大的法國哲學家蒙坦，曾以下面的話來作爲他的生活座右銘：「一個人因意外事故所受到的傷害，遠遠不如他對發生事故所擁有的意見深刻。」而我們對所有事物的意見，完全取決於我們自己如何作出判斷。

當你飽受各種煩惱困擾，整個人的精神都緊張不安的時候，你完全可以憑藉自己的意志力，來改變你的心境。如何做到這一點呢？方法其實非常簡單。

如果你感到不快樂，那麼能找到快樂的唯一方法，就是振作起來，使你的行動和言詞好像已經感覺快樂的樣子。

這種簡單的辦法是不是有效呢？你不妨親自試一試：在你的臉上露出開心的笑容，挺起胸膛，做一個深呼吸，然後唱一首小曲。如果你不會唱，那就吹吹口哨；如果你不會吹口哨，那就哼一首歌。當你能夠用行動顯示出你的快樂時，根本就不會再憂慮和頹喪了。

這就是大自然的基本真理之一，它能在我們生活中創造奇蹟。

一個住在加利福尼亞州的女人，她已經很老了，又是一個寡婦。如果你問她覺得怎樣，她總是會說：「哦，我還不錯。」但她臉上的表情和聲音中隱含的那種無病呻吟的跡象，就好像在說：「哦，老天爺啊，要是你遇到了我所遇到的煩惱，就能明白一切了。」

不知道有多少女人比她的情況還壞。儘管她的丈夫給她留下了足以維生的保險金，她的子女也都已經成家，而且能夠奉養她，但是我很少見她笑。她總是埋怨，說她的三個女婿對她很不好——事實上她每次去他們家一住就是好幾個月。她還抱怨說她的女兒從來不送給她禮物——但她卻不捨得掏出自己的錢，她說是「替未來作打算」。

對她自己和她那些不幸的家人來說，她的確是一個令人討厭的傢伙，但事情確實是這樣嗎？這才是最可憐的地方——她本來可以使自己從一個既憂愁、又挑剔、而且很不開心的老婦人，變成她家裏受人敬重和喜愛的成員——只要她願意，就可以做到這一點。而她如果想實現這種轉變，那只需她高高興興地活著，覺得她還有一點點愛可以給別人，而不是老談她自己的不快和不幸，這樣一切都好辦了。

卡內基認識一個住在印第安那州的人，他名叫英格萊特。他現在之所以還活著，正因爲他發現了這個秘密。

十年前，英格萊特先生患了猩紅熱病，當他康復以後，又得了腎臟病。他去看過許多醫生，但誰也沒能治好他。

不久前他又得了另一種併發症，血壓變得很高。醫生說他的血壓已經達到二一四的最高值，情況太嚴重，最好是馬上準備料理後事。

「我回到家，」他說，「查清楚我已經付清了所有的保險費之後，向上帝懺悔我以前所做過的各種錯事，坐下來默默沉思。是我害得所有人都很不開心，我的妻子和家人都非常難受，我自己則更是深深地陷入悲觀的情緒裏。然而，在經過一個星期的自我憐憫之後，我對自己說：『你這副樣子，簡直像個大傻瓜。你在一年之內可能還不會死，那何不趁你還活著的時候，快快樂樂地生活呢？』

「於是，我挺起胸膛，臉上露出了微笑，盡力讓自己表現出似乎一切都正常的樣子。我承認剛開始的時候這相當難辦，但是我強迫自己很開心、很高興，這不僅對我的家人有所幫助，也對我自己大有裨益。

「接著，我發現自己開始感覺好多了——幾乎好得和我呈現出來的一樣好。這種進步持續不斷，而到了今天——原以為已經躺在墳墓裏幾個月後的今天——我不僅很快樂，還很健康，我活得很好，而且我的血壓也下降了。有一件事我可以肯定：如果我一直想到自己會死、會垮掉的話，那麼那位醫生的預言就會實現了。可是我給了自己一個機會，使我的身體得以自行恢復。別的什麼都沒有用，除了改變我的心情。」

如果是讓自己覺得快樂、充滿勇氣而且健康的思想拯救了這個人的性命，我們為什麼還要為那些小小的不快和頹喪而折磨自己呢？如果讓自己快樂就能夠創造出愉快來，那我們又為什麼要讓自己和我們身邊的人不高興而遭受痛苦呢？

◆威廉．詹姆斯曾說：「……通常，只要把受苦者的內心感覺由恐懼轉變成奮鬥，就可以把我們所謂的大部分邪惡轉變為有所裨益的東西。」讓我們為自己的快樂而奮鬥吧！

2 快樂是生活的最佳營養

戴爾・卡內基智慧金言

・世上充滿有樂趣的事，在如此多彩多姿的世界中，千萬不可容許白己過得無聊

・幸福就是散佈在普通生活道路上的各種不起眼的快樂

・致力於養成一種高貴的性情，雖然你可能貧窮，但總有一天你會得到報償

在各種美好的藝術中，生活的藝術佔有一席之地。像文學一樣，它也屬於人文科學。它是一種能使生活方式變得最有價值的藝術。它是一種從生活中獲取最高的快樂並由此達到人生最高境界的一門藝術。

像詩歌和繪畫一樣，生活的藝術也主要源於天賦，但所有的人都能培養和開發它。它可以由父母和老師來培育，也可以通過自我修養而得到完善。沒有才智，它就無法存在。

幸福並非是一顆美麗、難以尋覓的巨大寶石，無論付出怎樣的努力也無法找到它；相反，它是由一系列普通而又細小的寶石所組成的珠串，散發出快樂和優美的情趣。

幸福就是散佈在普通生活道路上的各種不太起眼的快樂，這些快樂通常在我們熱切地追求某些宏大而動人心魄的快樂時容易被我們忽略。在我們誠實而正直地履行普通職責的過程中，幸福就會露出會心的微笑。

在現實生活中，體現生活藝術的例子比比皆是。我們不妨來舉個例子。

在兩個各方面條件相同的人，其中一個懂得生活的藝術，而另一個人則不懂。

前者具有好奇的眼光和充滿才智的心靈。在他面前，大自然永遠是嶄新的、充滿了美好的事物。他生活在現在，回憶著過去，幻想著美好的未來。對他來說，生活具有一種深刻的意義，它要求誠實地履行自己的職責以告慰自己的心靈，這樣，生活也就快樂了。

他不斷地完善自己，按照自己的年齡角色而行動，幫助那些絕望的人擺脫困境，積極從事各種美好的工作。他的雙手永不會疲勞，他的心靈永遠不會倦怠。他愉快地度過自己的人生，幫助別人成了他生活的快樂。不斷增長的才智使他對人、對物每天都有新的領悟。他為自己的人生留下了無數的榮譽和祝福，他的最大紀念碑就是他曾經做出的美好行為以及他在自己的同胞面前樹立的有益的榜樣。

而後者在自己的生命走向結束以前，也沒有達到真正的人的狀態。金錢為他貢獻了一切，然而他卻覺得生活空虛無聊、枯燥乏味。旅遊不會給他帶來任何好處，因為對他而言，自己的經歷是毫無意義的東西。他活著只是為了向小旅館老闆和服務員收取傭金；即使在大山深處旅遊多日，他也會覺得索然乏味；即使在鄉間行走，面對廣大的農夫和大批的羊群，他也不會去搭訕和欣賞，而是把自己龜縮在馬車中。

美術畫廊在他看來是令人厭惡的東西，他之所以進去看它們，那是因為看到別人也在這樣做。這些「樂趣」很快就使他厭倦了，他對生活徹底地感到乏味了。當他年老的時候，他成了一群趕時髦的閒蕩者中的一員，生活中已沒有任何能讓他提得起興趣的地方，生活成了一場化妝舞會，在舞會裏他只認識流氓、惡棍、無賴、偽君子和吹牛拍馬的阿諛奉承之徒。

儘管他已不再熱愛生活，然而他還是害怕失去生活。然後，他的人生舞臺終於落幕。儘管他財富豐厚，他的生活卻是一場失敗，因為他根本不懂得生活的藝術。

沒有生活的藝術，生活自然不會有樂趣。懂生活藝術和不懂生活藝術的人，其間的差別何其之大。

財富並不能給生活帶來真正的熱情，只有思考、欣賞、品味、修養才能帶來生活的熱情。在所有這些東西當中，一雙有洞察力的眼睛和一個有感悟力的心靈是必不可少、無法替代的。具備了這些品質，最低賤的人們也能變得有福，勞動和辛苦也會與最高尚的思想和最純潔的品味密切相聯。很多勞動者也許會因此而變得高尚和高貴。蒙田認爲：「所有的道德哲學就像它能適用於最輝煌壯麗的人生那樣，也能適用於普通下層百姓的生活當中，每個人身上都擁有人類生活的全部形式。」

◆快樂是生活的最佳營養。每個人都應當珍惜自己的生活，讓快樂成為生活的全部。

3 快樂就是肯定自我，保持本色

戴爾．卡內基智慧金言

・年過半百的歲月，教會我最重要的一件事，那就是：「只有自己，能帶來平安。」

・我真心地相信心靈平安的最大秘訣是——肯定自己的價值觀，只要我們擁有自己的黃金標準，我相信百分之五十的煩惱立即可以消逝無蹤，這套標準是由自己生命中真正有價值的事物所組成的

著名的威廉．詹姆斯，曾分析過那些從來沒有發現自我的人。他說，一般人只發揮了百分之十的潛能。「跟我們應該做到的相比較，」他說，「我們只是半醒著，我們只使用了我

們身心兩方面能力中很小的一部分。再廣而言之，一個人只是活在他體內有限空間的一小部分。他具有各種各樣的潛能，卻不知道如何開發利用。」

你和我也有這樣的潛能，所以我們不該再浪費一點一滴時間，去爲我們不是其他人這一點而擔憂。你是這個世界上的新東西，以前從未有過——從開天闢地直到現在，從未有過完全跟你一樣的人；而且將來直到永遠，也不可能再出現一個和你完完全全一樣的人。新的遺傳學知識告訴我們，你之所以成爲你，取決於你父親的廿四個染色體和你母親的廿四個染色體遺傳的是什麼。《遺傳與你》一書的作者阿倫·舒因費說，「在每一個染色體內可能有幾十到幾百個遺傳因子，在某些情況下，每一個遺傳因子都有可能改變一個人的命運。」一點也不錯，我們正是通過這種「既可怕又奇妙的」方式製造出來的。所以，從某種程度上說，肯定自我、保持本色相當重要。

卡內基曾和他人深入探討如何保持本色這個問題。因爲他爲此付出過相當大的代價，有過痛苦的經驗。

早年，卡內基從密蘇里州的鄉下去紐約的時候，他進了美國戲劇學院，希望能當一個演員。當時他有一個自以爲非常聰明的想法——一條走向成功之路的捷徑。卡內基介紹說：

那個想法是這樣的：我要學當年那些著名演員的表演，要學會他們的優點，然後把每個人的長處學到手，使自己成為集諸人優點於一身的著名演員。後來的事實證明這是多麼愚蠢！多麼荒謬！

可我居然浪費那麼多時間去模仿別人！最後我終於明白，我一定要保持本色，我不可能變成任何人。

有了這次痛苦的經驗，我應該能得到一些教訓才對，但事實卻非如此。我並沒有接受教訓——我太笨了，我得重新學習這個道理。幾年之後，我開始寫作一本書，並希望那是所有關於公開演說的書籍中最好的一本。在寫那本書的時候，我又產生了和以前學演戲時一樣的愚蠢想法，想「借」來其他作者的觀念，放在那本書裏，使它能夠無所不包。於是我買了十幾本關於公開演講的書，花了一年時間把它們的概念納入書裏，但最後我又一次發現我做了一件傻事：把別人的觀點大雜燴地湊在一起而寫成的東西非常做作，也非常枯燥，沒有一個人願意看下去。所以我把一年的心血都扔進了廢紙簍裏，又重新開始。

這一次我對自己說：「你一定要保持你自己的本色，不論你的錯誤有多少，你的能力多麼的有限，你也不應該變成別人。」於是我不再試著成為其他人的綜合體，而是捋起袖子，做了當初本應該做的事：我寫了一本關於公開演講的教材，完全以我自己的經驗和觀察，以一個演說家和演說教師的身分來寫。我學到了華特·羅里爵士所學到的那一課——而且我希望能永遠保持下去。華特·羅里爵士於一九〇四年在牛津大學當英國文學教授。「我寫不出一本足以和莎士比亞媲美的書，」他說，「但我可以寫一本由我自己寫成的書。」

歐文·柏林和喬治·蓋歇溫都是一代作曲名家。他們之間有一段不尋常的經歷。

當柏林和蓋歇溫初次見面的時候，柏林已經聲名顯赫，而蓋歇溫還是一個未成名的年輕作曲家，一個星期只賺三十五美元。柏林很欣賞蓋歇溫的才華，就問他想不想當他的秘書，薪水大概是他當時收入的三倍。「但我建議你不要接受這份工作，」柏林忠告他說，「如果你接受這份工作的話，你可能會成為一個二流的柏林；但如果你繼續堅持保持你自己的本色，總有一天，你會成為一個一流的蓋歇溫的。」

蓋歇溫接受了這個忠告，後來他終於成為當時美國最重要的作曲家之一。

如果蓋歇溫沒有接受柏林的忠告，或許他只能做個二流的柏林。正因爲他牢記這個忠告，保持本色，才有了後來的美國重要作曲家。卓別林、鮑勃·霍伯威爾·羅吉斯、瑪麗·瑪格麗特·麥克布蕾、金·奧特雷等人也曾有這樣的經歷。

卓別林最初拍電影的時候，那些電影導演都堅持讓他去學當時德國一個非常有名的喜劇演員，但直到卓別林創造出自己的一套表演方法之後，才開始成名。

鮑勃·霍伯也有同樣的經歷。多年來他一直在表演歌舞片，結果毫無成就，一直到他找到開自己玩笑的本事之後，才功成名就。

威爾．羅吉斯在一個雜耍團中，只是表演拋繩技術，沒有任何說話的機會。他這樣幹了好多年後，才發現自己在講幽默笑話上有特殊的天分，於是開始在表演拋繩的時候說話，最終成名。

瑪麗．瑪格麗特．麥克布蕾剛踏入廣播界的時候，想做一名愛爾蘭喜劇演員，但她失敗了。後來她發揮了她的本色，扮演一個從密蘇里州來的很平凡的農村女孩，結果成為紐約最受歡迎的廣播明星。

金．奧特雷剛出道的時候，想把他的德州口音改掉，成為一個城裏紳士，並自稱是紐約人，結果大家在他背後笑話他。後來，他開始彈五弦琴，改唱西部歌曲，開始了他那了不起的演藝生涯，並成為全世界在電影和廣播兩個行業中最著名的西部歌星。

歸根結底，所有的藝術都帶著一些自傳色彩：你只能唱你自己的歌，只能畫你自己的畫，只能做一個由你的經驗、你的環境和你的家庭所造成的你；不論好壞，你都得自己創造一個屬於自己的小花園；不論好壞，你都得在生命的交響樂中，演奏屬於你自己的樂曲。

◆你是這個世界上的新東西，你應該為此而慶幸，並盡一切努力利用大自然所賦予你的一切。

第二章
永保快樂的秘訣

1 保持心平氣和的心境

戴爾・卡內基智慧金言

- 快樂是一種心境，是一個人的心態使然
- 快樂來自心平氣和，在平靜中自可迎來
- 虛無是一種精神境界，在虛無中快樂不請自來

快樂是一種心境。當你心情愉快之時，你就是快樂的；當你心情抑鬱時，你就是煩悶的。總而言之，快樂是你的心態使然。

既然快樂是你心靈上綻出的美麗花朵，只要調節好你的心態，使自己心平氣和，快樂就會與你同在。

那麼，如何才能做到心平氣和呢？

卡內基教給人們以下奇妙的方法：

(1)讓心靈留下一片空白

要想獲得充滿平和的心，有一項最重要的技巧，那就是讓心靈留下一片空白。

通常，卡內基總是這樣建議他人，儘量使自己的心靈呈現一片空白，一天至少兩次。而所謂的空白，主要是指將憂慮、憎惡、不安、罪惡的情緒徹底消除掉。

一次，卡內基在前往檀香山的旅行中，曾在拉賴因號輪船上舉辦一場個人演講會。當時他曾提到：「內心有煩惱的人，不妨走到船尾去，把煩惱事一一說出，然後把它們抛擲到汪洋大海中，注視著它直到它消逝不見。」

這個建議乍聽起來或許仿若稚語，但是當晚卻有一個人跑來對他說：「我按照你的話去做了，結果覺得心中非常舒暢，這實在是件令人吃驚的事呀！」

這人還繼續說道：「待在船上的這段時間裏，我將天天在日落黃昏時刻，把一切惱人的煩惱憂慮抛諸大海，直到自己覺得完全沒有一絲煩惱為止。同時我將日日注視著這些煩惱消失於時間的大海裏！」

不過，若僅是使心靈空白還不夠，你必須加入一些內容才行，因爲人的心靈不能永遠空白，而毫無內涵，否則，曾經丟棄的消極想法極有可能又重新竄入你的思想之中。

（2）溫和映射與聲音療效

在一天當中抽點時間，想一想美好或溫暖的畫面，也是培養心靈平和的最好方法。腦中呈現夕陽西下時分，美麗的晚霞映襯著翠綠的山巒，月光映照在湖面下，銀光閃閃，溫柔的白色浪花沖刷著細軟綿密的沙灘……不知不覺間，你的心靈達到明淨之境。

培養自己說話溫和的習慣，不失為一種有效的良方。你不妨一再重複地說那些具有激動性、積極有力的溫和話語，自然而然的，你的行為必然也反映出溫和的態度，平和之心的力量從中汩汩而出。

（3）語言創造思考

不同的談話方式及語調也會使心靈產生不同的變化。有時當我們在言談之間傾向神經質般的感動或其他失常表現時，往往會導致情緒上的反面影響。但若能經常保持積極的言談態度，則將會帶來正面的影響。

因此，在一天的開始，最好以平和的言談作為序幕，如此，相信在這一整天你將享有愉快的心情與感受，生活也必然趨向成功與充實。

（4）用沉默和想像進行休息

使自己擁有平和心靈的另一個重要技巧是——每日堅持片刻的絕對沉默。

每日堅持片刻絕對沉默的大體原則為，在每天二十四小時中，至少抽出十五分鐘作為個人的沉默時間。在這段時間裏，你不妨選擇一個安靜的地方，在那裏或坐、或臥、或躺，安靜地享受屬於你個人的沉默時間，既不與人交談，也不讀寫任何東西，儘量摒除考慮，把你的心靈置於虛空的狀態中，有時難免會產生思緒擾亂的狀況，但只要你努力嘗試，終能使自己的心靈如同靜止的水面一般波紋不起。此時，緊跟著要做的是「傾聽」。通常，在沉默時聽到的聲音大多是和諧的、美麗的。這種情況正如湯瑪斯．克雷爾所言：「沉默是形成自然、偉大之事的要素。」

(5)讓意念飛向夏威夷

卡內基曾講過這樣一個親身經歷的故事：

有一次，卡內基身處海灘邊的「皇家夏威夷飯店」，空氣中散發著淡淡的花香；別致的庭院中種滿木槿樹；映入眼簾的則是熱透的木瓜果實。此外，森林火焰般的深紅色襯托著美麗風光；而刺槐樹在雪白的花間忽隱忽現，形成深具魅力的景色。

圍繞這個島嶼的是一片令人無法置信的藍色海洋，放眼望去，是一片水天相接的天然美景。岸邊，白色的浪花來回地衝擊拍打著。而海灘上，三三兩兩的夏威夷居民或慕名遠來的觀光客悠閒地享受著自然景色。他們或者衝浪，或者嬉玩獨木舟……構成一幅悠然自得的輕鬆圖畫。

當卡內基正試圖以筆墨捕捉這些動人的畫面時，心中竟奇蹟般地產生了一種溫暖的感覺。往日那些在心中不時羈絆的煩惱，彷彿已退離至千里之外。當初他單純只是為了工作需要而來到此地，未曾想卻在此收獲意外驚喜，他的心充滿著美麗的一切，因而感到平和、安詳。

(6)創造並珍惜平和經驗的寶庫

有一次，卡內基與一個和諧的家庭共同度過一個難忘的夜晚。次日清晨，他們在饒有趣味的餐廳內共進早餐。這個餐廳最爲別致之處就在於它的四周牆壁掛滿男主人童年生長的鄉村景觀圖片。

當大夥用過早餐之後，男主人欣然指著壁上的畫，對大家講起他從前的快樂回憶：

「我偶爾坐在餐廳中，看著壁上的畫，不禁置身於往事之中。比如，想起小時候的我總愛赤腳在小溪中走來走去，即使時日已遠，但我仍然清楚記得在我腳下的那些泥土是多麼的細軟純潔。夏天，我們在小河邊釣魚；春天時節，我們則坐著木板從丘陵上一路滑下去。」

「在童年的記憶中，最令我難以忘懷的還有那個高高尖尖的教堂……」他臉上漾滿微笑繼續說著：「教堂裏時時會舉辦盛大的佈道會。儘管當時我什麼也聽不懂，只會靜靜坐著。但是現在想來，這也不失為一項幸福的回憶。現在，父母雖然均已永眠於教堂旁的墓地；但是，在回憶中、在墓地旁，均能清晰地喚起過去的甜蜜光景，而父母的叮嚀聲也仿若近在耳邊。有時，當我累了或精神緊張時，我便坐在這兒安靜地觀賞教堂的畫，它讓我重回舊時那段純真無瑕的時光，它真的能帶給我平和的心靈！」

不妨試著採用這個方法，使你的生活變得更爲溫馨吧！不論你是怎樣忙碌、疲累，使用這個簡易而獨特的方法，必能爲你的人生帶來光明與希望。

(7)克服自責後遺症

有關平和心靈的課題還有一項問題需要加以討論，那就是「自責之心」。卡內基時常發現，那些缺乏平和之心的人，往往都是自責過度。其實，只要他們心中對自己存有寬恕之心，那麼情況就會有所改觀。

事實上，這種類型的人多半認爲自己應當受到懲罰，因此他對於任何事均懷有不安感。在這樣反面的心理預期之下，經常很難尋到平和之心，於是，如何從罪惡感的深淵中解放出來，便成爲解決這個問題的根本之道。

◆或讓心靈一片空白，或在沉默中休息，或跟著意志飛向遠方……只要你充分體味各種方式的妙處，你就會在一片虛無中，走向心平氣和，贏來人生快樂。

2 想想過去最苦難的工作

戴爾．卡內基智慧金言

．偶爾嘗試一下痛苦的經驗是件好事

．完成世界上最辛苦的工作，將使所有的日常問題在與它相較之下，皆變得微不足道

卡內基曾認識一個以前很糟糕的「煩惱大師」，名叫艾利克森。不過，後來，他可就不是了。一九四二年的一天，艾利克森有過一次難忘的經歷，使他的憂慮煩惱完全地消失了。

多年來，「煩惱大師」艾利克森一直希望能在阿拉斯加的一艘漁船上工作一個夏天，因此，在一九四二年夏天，他簽約上了阿拉斯加科地亞克的一艘三二尺長的鮭魚拖網漁船工作。在這艘船上，只有三名船員：船長負責督導，另外一個副手協助船長工作，剩下的那一個則是日常打雜的水手，通常都是北歐人，而他正是北歐人。

由於鮭魚拖網必須配合潮汐才能進行，因此艾利克森經常連續工作二十四小時。有一次，他整整如此工作了一個星期。艾利克森做的是其他人不願意幹的工作。他洗船甲板，保養機器，還在小船艙裏用一個燒木頭的小火爐煮飯，小船艙裏馬達的熱氣和污濁的空氣令他作嘔。

艾利克森還要修船；把鮭魚從他們的船運到另一艘小船上，送去做罐頭。他穿著長統膠鞋，但雙腳總是濕濕的。艾利克森的膠鞋裏面經常有水，但他卻沒有時間將水倒出來。但上述這些工作，跟他的主要工作比起來，只算是遊戲而已。

艾利克森主要的工作即是所謂的「拉網」。

這個工作看起來很簡單——你只要站在船尾上，把漁網的浮標和邊線拉上來即可——他的工作就是如此。但是，實際上，漁網太重了，當艾利克森想把它拉上來的時候，它卻一動不動。他想把漁網拉上來，但實際上卻把船本身拉下去了。由於漁網一動不動，他只好用盡力量沿路拖著不放。艾利克森這樣做了好幾星期，幾乎把他累死了。他渾身疼得厲害，而且一連疼了好幾個月。

最後，當艾利克森好不容易有時間休息時，他在一個臨時湊成的櫃子上鋪下潮濕的被褥，然後倒頭就睡，他渾身上下沒有一處不疼，但他卻熟睡得像服用了安眠藥——極度的勞累就是他的安眠藥。

「煩惱大師」艾利克森很高興當初吃了那麼多苦頭，因爲它們使他不再煩惱。現在，一旦遭遇了困難，他不再煩惱，他反問自己：「艾利克森，這會比拖網辛苦嗎？」他總是回答說：「不，沒有事情比它更苦！」於是他振作起來，勇敢地接受挑戰。

◆偶爾嘗試一下痛苦的經驗是件好事。卡內基很高興完成了世界上最辛苦的工作，使得他的所有日常問題在比較之下，全變得微不足道。

3 在生活的點滴中尋找樂趣

戴爾・卡內基智慧金言

- 人有一種強烈的渴望輕鬆與娛樂的天然愛好
- 只要我們能擁有清新的空氣或陽光，我們就別無所求
- 在盛開的鮮花身上，還蘊含著比快樂更多的東西

人有一種強烈的渴望輕鬆與娛樂的天然愛好。如果沒有享受健康的快樂的機會，人們就會找到邪惡的活動來取代它們。西尼・史密斯說得很正確：「爲了有效地反對邪惡，我們必須用更好的東西取代它。」

假使一個人變得愉快，那麼，他的行爲也會變得令人歡快；讓一個人陷入憂鬱的思緒和痛苦的狀態中，那麼，你就會發現他成了陰鬱的、牢騷滿腹的、怪僻和很可能是邪惡的人。

音樂具有一種最能使人變得仁慈博愛的效果。藝術的薰陶對公眾的道德具有一種非常有益的影響。它爲每個家庭提供了一個快樂的源泉。它給家增添一種新的吸引力；它使人際間的社交活動更加令人愉快。

馬修神父用唱歌運動來加強他宣導的禁酒運動的效果。他發起了一場在愛爾蘭全國各地建立音樂俱樂部的活動。因為他覺得，就像他曾經讓人民遠離威士忌一樣，他必須用某些更健康的東西來取代它才行。他給他們帶來了音樂。歌唱階層出現了，他們提升了人們的興趣愛好，使人們的品行更加溫和謙恭，使愛爾蘭人民更加仁慈博愛，並且逐漸與酒絕緣。

強尼教授說過：「通過把我們周圍的氛圍變成美妙的聲音，造物主在我們的視聽能力所及的範圍內賦予了我們多麼豐富的樂趣啊！」

廣泛地開發和培養我們的音樂天賦，這將給我們造福多大啊！像德國孩子一樣，我們的小孩也應該在學校接受音樂教育。音樂將會從家家戶戶飄逸而出。男人和婦女可以在工作的間歇唱唱歌，就像德國人上戰場和從戰場回來時都唱歌一樣。這種活動絕不會產生不佳的後果，因爲它是在音樂和歡樂當中完成的。果能如此，社會的呼吸將變得甜美，快樂與勞動將聯繫在一起。

爲什麼不在哪怕是最下層人家的房間裏佈置一些優美雅致一點的東西呢？我們當然應該

乾淨整潔，因爲它是貧苦人家獨特的優美雅致。但爲何不擺些看上去令人舒適愜意、愉快欣喜的東西呢？沒有什麼能證明下層階級就不能在他們周圍添置一些外表看來是美麗和令人舒適愉悅的東西；這樣做，也是爲了向上帝賦予大自然的禮物和人類的勞動表達虔誠的敬意。

愛美之心是人類最好和最有益的本性之一。它是文明的一個美好裝飾品。優美雅致並不一定就是屬於富貴人家的專利。它們是，也應當是所有人都可以享受的愛好。美存在於任何事情中——存在於大自然、存在於藝術、存在於科學、存在於文學、存在於社會生活和家庭生活之中。

鮮花是那麼的美麗，一朵玫瑰，就是大自然最美麗的微笑。「歡笑的花朵」就是詩人對鮮花的讚歎。然而，在盛開的鮮花身上，還蘊含著比快樂更多的東西，只有聰慧的人才能看出鮮花中所蘊含的全部的美麗、仁愛和對大自然的適應。

從田地裏帶一朵最普通的花回到家裏，把它放在桌上，這樣，你就是放了一束陽光在那裏，那裏就會發出鮮花的歡笑。它們對那些精神萎靡的病人有巨大的安慰！它們是甜美的歡樂，像來自鄉村的使者，並似乎在說：「來看看我們生長的地方，讓你的心因爲我們的存在而快樂吧。」

確實，我們所感受到的美好事物還不如大自然中的美好事物的一半呢，因爲我們關閉了我們去感受其他眾多美好事物的途徑。我們只滿足於眼前存在的、肉眼能夠看見的東西，而沒有去追尋那超越於具體事物之上的精神事物。如果我們打開我們的心扉去感受，我們將發現，在我們生活的每個角落，都孕育著多少寂靜無聲的樂趣啊。我們可以同伴隨著每一束陽光來訪問我們的天使生活在一起，同陪伴每一束鮮花的小天使一起坐下聊天。我們渴望瞭解更多的愛的知識，以便使我們更加熱愛生活；我們需要培養這麼一種藝術，以便我們能夠充分地利用一切平凡的事物獲得蘊藏在我們周圍的快樂。

一個整潔而乾淨的小屋，不管它有多麼的小，它也是健康宜人的；陽光透過窗戶歡快地照射進來，一些好的書籍、門上沒有蜉蝣成蟲，碗碟櫃乾淨，屋內還有一束鮮花！沒有任何人窮得沒法做到這些能帶來愉悅的事情。

但爲何除了欣賞自然美以外，人們就沒有欣賞人工美的興趣愛好了呢？爲什麼把畫掛在屋裏？人類已發現了許多精巧的方法——其中一些是最近才發現的——用來無限地增加藝術作品，這些方法有木刻、平版畫、攝影和複製，這些方法使得每個人都可以把自己的屋子裝飾一些美麗的圖畫。

任何圖片、版畫或雕刻，無論是代表了一種高貴的思想，還是描述了一種英雄行爲，或者是能夠給我們的屋子帶來一些來自田野或街道的氣息，這些作品是老師，是教育的方法，是自我修養的好幫手。它使得家裏變得更令人愉快和有吸引力。它使家庭生活變得甜美，它使家中散發出優美雅致的氛圍來。它使一個人從只關注個人的一已之利中解脫出來，在增強他同自己家庭的愉快交往的同時，也擴大了他對外部世界的友好聯繫。

有一幅一位偉人的肖像畫。這幅畫賦予了他一種個人的魅力。仔細端詳他的相貌，我們覺得似乎我們對他瞭解得更多，與他更親近了。在我們面前每天掛著這樣的一幅畫像，無論是在用餐時還是在閒暇時，它都浮現在我們的眼前，這會無形中提升我們的精神氣質和心靈品性，是我們邁向更高人生境界的橋樑。

或許一幅畫在很多人的眼中平淡無奇，但卡內基從這幅肖像畫中體味到這位偉人的偉岸。每每憶起這幅肖像畫，他總是思緒激蕩，鬥志昂揚。

生活的藝術可以用多種方法表現出來。也許它可以用這幾個字來概括：「物盡其用」。沒有任何東西可以不屑一顧；即使是普通得不能再普通的渺小之物都有它發揮作用的地方。它給家裏帶來生機和雅致，賦予大自然新的魅力。通過它，我們可以享受富人們的公園和森林，好像它們是屬於我們自己似的。

我們吸入普通的空氣，在普照大地的陽光下取暖。我們讚美茵茵的綠草、飄浮的白雲和歡笑的鮮花。我們熱愛我們共有的大地，聆聽來自大自然的聲音。它延伸到所有的社交活動中。它產生善良的願望和仁愛的真誠。在它的幫助下，我們使別人幸福，使自己被賜福。我們改善了我們的生存方式，昇華我們的命運。我們高居於大地的爬行動物之上，渴望走向無限的永恆。由此，我們把時間與永恆相結合在一起，在永恆之中，真正的生活藝術擁有它最完美的結局。

◆在生活的每個角落都蘊藏著樂趣。只要你注意在生活的點滴中發掘，就能盡享生活的快樂。

第三章
培養快樂的心理

1 盤算你所得到的恩惠

戴爾・卡內基智慧金言

- 快樂並非取決於你是什麼人或你擁有什麼，它完全在於你的思想
- 人生在世，應該盤算的是你所得到的恩惠，而不是去點數你的煩惱
- 感謝你所擁有的一切

在我們的生活中大概百分之九十都進行得很順利，只有百分之十是有問題的。如果我們想要快樂，只需集中注意力在那百分之九十的好事上，不去看那百分之十就可以了。如果我們想要煩惱、抱怨、得胃潰瘍，那只要集中注意力在那百分之十的不滿意，而忽略那百分之九十，也就得償所「願」了。

在英國的許多教堂裏都可以看到這兩個字——「思恩」。我們的心中也應該深深鏤刻這兩個字。你不妨想想所有自己應該感謝的事，並真正感謝。

《格列佛遊記》的作者斯威夫特可以算得上是英國文學史上最悲觀的人，他覺得自己根本不該出生，生日時他常穿著黑色的喪服守齋戒。即使在那樣的絕望中，他都沒有忘記只有快樂的心境可以帶來健康。他曾宣稱：「世上最好的醫生，是飲食有度、保持平靜與愉悅的心情。」

我們如果願意，大可以爲自己所擁有的一切感到滿足開心。給你一億元交換你的雙眼，如何？兩條腿値多少錢？你的雙手呢？聽覺器官呢？你的子女？你的家庭？算算你所擁有的資產，你定會發現即使給你世上所有的財富，你也不願意出讓。

但是，我們感謝所擁有的一切嗎？噢！不！叔本華說：「我們很少想我們所擁有的，卻總是想自己缺失的。」這種傾向實在算得上是世上最悲慘的事，它帶來的災難恐怕比所有的戰爭和疾病都更大。

有一位居住在新澤西州的帕瑪先生告訴卡內基：「我從陸軍退伍不久，就開始自己做生意。我日夜辛勤工作，情況很不錯。可是接著麻煩來了，我得不到零件與原料，我擔心生意支持不下去了，我煩惱極了，但後來我體會到正因為如此差點兒失去我的溫暖的家。有一天，一位年輕的行動不便的殘疾人對我說，『你不覺得羞愧嗎？看你的樣子，好像世上只有你一個人有麻煩似的。即使你真得結束營業一陣子，那又怎麼樣？供貨正常後，你還可以再開始呀！你真該為你所得到的感謝了！可是你還老是怨天尤人，我多想能像你一樣，看看我！我只有一條手臂，半邊臉也被炮火削掉了，而我卻並不抱怨。你再不停止怨天尤人，你不但會丟掉你的生意，還會賠上你的健康、你的家庭及朋友！』這些話真如當頭棒喝，我才體會到自己擁有的已夠多了，我終於能提醒自己不再重蹈覆轍。」

美國青年露西，也因爲成天煩惱自己所欠缺的而差點兒釀成悲劇。她的故事是這樣的：

「我的日子排得很緊湊，在亞利桑那州立大學學習風琴，在城裏主持一個演說訓練班，又在另一座城市教授音樂欣賞。我忙著出席宴會、舞會，在星空下不停奔忙。直到一天早上，我完全崩潰了。醫生說，『你得臥床完全休息一年。』他一點兒沒有讓我相信我會再恢復強健。

「躺在床上一年！簡直是個廢物——倒還不如死了算了！我驚恐極了，為什麼這種事會發生在我身上？我做了什麼，要受這種報應？我哭了好久，思想上變得十分抵觸。不過，我還是得遵從醫生的囑咐臥床休息。鄰居魯道夫，他是一位藝術家，過來看我，告訴我說，『你以為在床上躺一年就很悲慘，其實大可不必這樣想，你可以利用這段時間真正瞭解你自己，這幾個月，你在心靈方面的成長可以抵得上你過去的一輩子。』我慢慢平靜下來，開始努力建立另外一套價值觀。我閱讀了一些啟發人心的書，還經常打開收音機。一天我聽到收音機播音員在節目中說，『你所表現出來的永遠只是你內心世界的反映。』我以前聽過這種話不知道有多少次了，但只有這次我才感到它是那麼溫馨。從此，這句話真正深植我心。我開始只想能令我活下去的事——一些開心、健康的往事。每天早晨一醒過來，我就強迫自己想一遍我所擁有的應該感謝的事。我的身體沒有疼痛，我有個可愛的小女兒，我的視力、我的聽覺、收音機裏悅耳的音樂、有看書的閒暇、美味的食物、幾位好朋友，我的訪客多到醫生不得不限制一次只能容許一位訪客——而且還有訪客時限。

「許多年以來，我都能過著豐富、活躍的生活。現在我深深地感謝躺在床上的那一年，那是我在亞利桑那州最有價值、最快樂的一年。那一年中我養成了一種習慣，每天早上先點數自己所擁有的福分。到現在我還沿用這個習慣，這已成了我最寶貴的資產。我得承認在害怕死亡之前，我並沒有真正活過。」

露西學到的教訓跟兩百年前英國作家詹森博士所發現的是完全一樣的。詹森曾說過：「能養成習慣看每件事最好的一面，真是千金不換的珍寶。」

當代著名作家與評論家羅根・史密斯曾說：「人生有兩項主要目標，第一，擁有你所嚮往的；然後，享受它們。只有最具智慧的人才能做到第二點。」

你想知道如何把在廚房洗碗的瑣事變成令人興奮的經驗嗎？推薦你讀一讀美國作家達爾

所著的《我要看》。

達爾是一位失明將近五十年的婦人。她寫道：「我僅存的一隻眼上佈滿了斑點，所有的視力只靠左側一點點小孔。我看書時，必須把書舉到臉面前，並盡可能靠近我左眼左側的僅存視力區域。」

但是她並不打算接受憐憫，也不想享受特別的待遇。小時候，她想和小朋友一起玩遊戲，可是看不到任何記號，等到其他小朋友都回家了，她才趴在地上辨識那些記號。她把地上劃的線完全熟記後，成了玩這個遊戲的佼佼者。她在家自修，拿著放大字體的書，靠近臉，近得睫毛都刷得到書頁。她修了兩個學位：明尼蘇達大學的學士及哥倫比亞大學的碩士。

她開始在明尼蘇達州一個小村莊上教書，到後來卻成為南達科他州一個學院的新聞文學教授。她在當地任教十三年，並常在婦女俱樂部演講，上電臺節目談書籍與作者。她在書中說：「在我內心深處，始終不能袪除完全失明的恐懼。為了克服這一點，我只有對人生採取開心甚至天真的態度。」

一九四三年，她已經五十二歲，卻發生了一個奇蹟：極富盛名的梅育醫院的一項手術，使她恢復了比以前好四十倍的視力。

一個全新的令人振奮的世界展開在她的眼前，即使在水槽邊洗碗對她也是一件令人興奮的事。她寫道：「我開始玩弄碟子上的泡沫，我用手指攪起一個肥皂泡泡，對著光看，我看到了縮小的彩虹般的色彩幻影。」

從水槽上方廚房的窗戶望出去，她看到的是：「振動著灰黑色的翅膀飛過積雪的一隻麻雀。」

能有幸親眼見到肥皂泡與麻雀，促使她以下面一句話作爲這本書的結束：「親愛的上帝，我不禁低語，我的上帝，我感謝你，我感謝你。」

想想看！你我不該慚愧嗎？我們一直生活在美妙的童話世界中，卻瞎得什麼都看不見，什麼都不知珍惜享受。爲了能在洗碗時看到泡沫的色彩，看到飛越雪地的麻雀，你不應該衷心地感謝上帝嗎?!

◆不要忘記，快樂並非取決於你是什麼人，或你擁有什麼，它完全在於你的思想。因此，要想快樂，不妨每天早上想想值得你感恩的事。

2 不要對他人存有報復心理

戴爾・卡內基智慧金言

- 怨恨是一劑毒藥，它甚至可以奪去一個人的生命
- 即使我們沒辦法愛我們的敵人，起碼也應該多愛自己一點
- 永遠不要對敵人心存報復

怨恨是很多人都有的心理。怨恨的危害巨大，甚至要一個人付出自己的生命。

在華盛頓州的史潑坎城，有一個飯館老闆就是由於氣憤而死。六十八歲的威廉・傅坎伯，在史潑坎城開了一家小餐館，由於他的廚子一定要用茶碟喝咖啡，他特別生氣，抓起一把左輪槍去追那個廚子。結果撲倒在地，再也沒有爬起來——手裏還緊緊地抓著那把槍。驗屍官的報告宣稱：他由於憤怒而引起心臟病突發。

當耶穌說「愛你的仇人」的時候，他也是在告訴我們：怎麼樣改進我們的外表。常見一些女士，她們的臉由於怨恨而有皺紋，由於悔恨而變了形，表情僵硬。據權威人士說，不管如何美容，對她們容貌的改進，也及不上讓她心裏充滿了寬容、溫柔和愛所能改進的一半。

怨恨的心理，甚至會毀了我們對食物的享受。聖人說：「懷著愛心吃菜，也要比懷著怨恨吃牛肉好得多。」

如果我們的仇人瞭解我們因對他怨恨而使我們精疲力竭，使我們因疲倦而緊張不安，使我們的外表受到傷害，使我們得了心臟病，甚而至於使我們折壽的時候，他們不是會拍手稱慶嗎？

即便我們不能愛我們的仇人。至少我們要愛我們自己。我們要使仇人不能控制我們的快樂、我們的健康。

莎士比亞曾說過：「不要由於你的敵人而燃起一把怒火，讓心中烈焰燒傷自己。」

當耶穌基督說，我們應當原諒我們的仇人「七十個七次」的時候，他也是在教我們如何做一切。

喬治·羅納住在瑞典的艾普蘇那。他在維也納當了許多年律師，但是在第二次世界大戰期間，他逃到瑞典。當時，他一文不名，很需要找份工作糊口。由於他能說好幾國的語言，並能用文字表述出來，所以希望可以在一家進出口公司裏謀到一份秘書的差使。絕大多數的公司都回信告訴他，由於正在打仗，他們不需要用這一類的人。不過他們會把他的名字存在檔案裏……等等。不過有一封信上說：「你對我生意的瞭解完全錯誤。你既錯又笨，我根本不需要任何替我寫信的秘書。即便我需要，也不會請你，由於你甚至連瑞典文也寫不好，信裏全都是錯字。」

當喬治・羅納看到這封信的時候，真是氣得發瘋。那個瑞典人寫信來說，他寫不通瑞典文是什麼意思？那個瑞典人自己的信上就是錯誤百出。於是喬治・羅納也寫了一封信，目的是想讓那個人大發脾氣。但接著他停下來對自己說：「等一等。我如何知道這個人說的是不是對的？我修過瑞典文，但是這並不是我家鄉的語言，也許我確實犯了很多我並不知道的錯誤。假如是那樣的話，那麼我要想得到一份工作，就必須再努力地學習。這個人可能幫了我一個大忙，即使他本意並非如此。他用這種難聽的話來表達他的意見，並不表示我就不如他，因此應該寫封信給他，在信上感謝他一番。」

於是喬治・羅納撕掉了他剛才寫好的那封罵人的信，另外寫了一封信。信上說：「你這樣不嫌麻煩地寫信給我確實是太好了，尤其是你並不需要一個替你寫信的秘書。對於我把貴公司的業務弄錯的事我覺得非常抱歉，我之所以寫信給你，是由於我向別人打聽，而別人把你介紹給我，說你是這一行的領袖人物。我並不知道我的信上有很多文法上的錯誤，我覺得很慚愧，也很難過。我如今打算更努力地去學習瑞典文，以更改我的錯誤，感謝你幫助我走上改進之路。」

沒過幾天，喬治．羅納就收到那個人的信，請羅納去看他。羅納去了，並且得到一份工作。喬治．羅納由此發現——「溫和的回答可以消除怒氣」。

我們也許不能像聖賢般去愛我們的仇人。但是爲了我們自己的健康和快樂，我們至少要原諒他們，忘記他們。

原諒仇人確實是件很聰明的事。

有一次卡內基問艾森豪將軍的兒子約翰，他父親會不會總是懷恨別人。「不會，」他回答，「我爸爸從來不浪費一分鐘，去想那些不喜歡的人。」

有句民諺：生氣的人是笨蛋，而不去生氣的人才是聰明人。

這也就是前紐約州長威廉．蓋諾所抱定的。

蓋諾在被一份內幕小報攻擊得體無完膚之後，又被一瘋子打了一槍差一點送命。在躺在醫院為自己的生命掙扎的時候，他說：「每天晚上我都原諒所有的事情和每一個人。」

這樣做是否太理想了呢？是否太輕鬆、太好了呢？假如是的話，就讓我們來看看那位偉大的德國哲學家，也就是「悲觀論」的作者叔本華的理論。他以為生命就是一種毫無價值而又痛苦的冒險，當他走過的時候彷彿全身都散發著痛苦，可是在他絕望的深處，叔本華叫道：「假如可能的話，不應該對任何人有怨恨的心理。」

有一次卡內基曾問伯納．巴魯區——他曾經做過六位總統的顧問：威爾遜、哈定、柯立芝、胡佛、羅斯福和杜魯門——卡內基問他會不會由於他的敵人攻擊他而難過？「沒有一個人可以羞辱我或者干擾我，」他回答說，「我不讓他們這樣做。」

棍子和石頭也許能打斷卡內基的骨頭，但是言語永遠也不能傷害卡內基。

卡內基經常站在加拿大傑斯帕國家公園裏，仰望那座可算是西方最美麗的山。這座山以伊笛絲．卡薇爾的名字命名，紀念那個在一九一五年十月十二日聖人一樣慷慨赴死——被德軍行刑隊槍斃的護士。她犯了什麼罪呢？由於她在比利時的家裏收容和看護了很多受傷的法軍、英國士兵，還協助他們逃到荷蘭。在十月的那天早上，一位英國教士走進軍人監獄——她的牢房裏，為她做最後祈禱的時候，伊笛絲．卡薇爾說了兩句後來刻在紀念碑上不朽的話語：「我瞭解光是愛國還不夠，我一定不能對任何人有敵意和怨恨。」四年之後，她的遺體轉移到英國，在西敏寺大教堂舉行安葬大典。卡內基在倫敦住過一年，他時常到國立肖像畫廊對面去看伊笛絲．卡薇爾的那座雕像，同時朗讀她這兩句不朽的名言。

有一個能原諒並忘記誤解和錯對自己的人的最佳方法，就是讓自己去做一些絕對超出我們能力以外的大事，這樣我們所碰到的侮辱和敵意就無關重要了。由於這樣我們就不會再去計較理想之外的事了。

在一九一八年，密西西比州松樹林裏有一場極富戲劇性的事情，差點引發了一場火刑。勞倫斯．鐘斯——一個黑人講師，差點就被燒死了。

在第一次世界大戰期間，普通人的感情很容易衝動的時候，密西西比州中部流傳著一種謠言，說德國人正在唆使黑人起來叛變。那個要被他們燒死的勞倫斯．鐘斯就是黑人，有人控告他正欲激起族人的叛變。一大群白人——在教堂的外面——聽見勞倫斯．鐘斯對他的聽眾大聲地叫著：「生命，就是一場戰鬥！任何黑人都要穿上他的盔甲，以戰鬥來求生存和求成功。」

「戰鬥」，「盔甲」，夠了。一些年輕人趁夜衝出去，糾集了一大夥暴徒，回到教堂裏來，拿一條繩子捆住了這個傳教士，把他拖到一英里以外，讓他站在一大堆乾柴上面，並燃亮了火柴，想要一面用火燒他，一面把他吊死。這時候，有一個人叫起來：「在我們燒死他之前，讓這個喜歡多嘴的人說話，說話啊！說話啊！」勞倫斯・鐘斯站在柴堆上，脖子上套著繩圈，為他的生命和理想發表了一篇演說。

勞倫斯・鐘斯在一九〇〇年畢業於愛荷華大學。他那純良的性格和學問，以及他在音樂方面的才能，令所有的老師和學生都很喜歡他。

畢業以後，他拒絕了一個旅館留給他的職位，也拒絕了一個有錢人願意幫助他繼續學音樂的計畫。為什麼呢？由於他懷有非常高的理想。當他閱讀《布克爾・華盛頓傳記》的時候，他就決心獻身於教育工作，去教育他那一族裏貧窮而沒有受過教育的人。

因此他回到南方最貧瘠的一帶——密西西比州灰克鎮二十五英里外的小地方，把他的錶當了一美元六十五美分後，就在樹林裏用樹樁當桌子，開始了他的露天學校。

勞倫斯・鐘斯告訴那些憤怒的、等著要燒他的人他所做過的種種奮鬥——教育那些沒有上過學的男孩子和女孩子，訓練他們做好的農夫、機匠、廚子、家庭主婦。他談到有一些白人曾經幫助他建立這所學校——那些白人送給他土地、木材、豬、牛和錢，幫助他繼續他的教育事業。

後來有人問勞倫斯・鐘斯，問他會不會恨那些把他拖出來想要吊死和燒死他的人？他回答說，他忙著實現他的理想，沒有時間去恨別人——他在專心地做一些超過他能力以外的大事。「我沒有時間去跟人家吵架，」他說，「我沒有時間能夠後悔，也沒有哪一個人能強迫我低下到會恨他的地步。」

當時勞倫斯·鐘斯的態度特別誠懇，也令人感動。他一點不為自己哀求，而是使人知道他的理想。那一群暴民開始軟了。

最終，人群中有一個曾經參加過南北戰爭的老兵說：「我堅信這孩子說的是真話。我認得那些他提起的白人，他是在做一件好事。我們弄錯了，我們應當幫助他而不該吊死他。」

那位老兵拿下他的帽子，在人群裏傳來傳去，從那些預備把這位教育家燒死的人群裏，募集到五十五元四十美分，交給了鐘斯——這個曾經說過「我沒有時間去跟人家吵架，我沒有時間可以後悔，也沒有哪一個人能強迫我低下到會恨他的地步。」

依匹克特修斯在一千九百年前就曾經指出，我們種因就會得果。而無論怎麼樣，命運總能讓我們爲過錯付出代價。「歸根究底，」依匹克特修斯說，「每一個人都該爲他自己的錯誤付出代價。可以記住這點的人就不會跟任何人生氣，不會跟任何人爭吵，不會辱罵別人、責難別人、冒犯別人、恨別人。」

在美國歷史上，恐怕再沒有誰受到的責難、怨恨和陷害比林肯多的了。可是根據韓登不朽的傳記中的記載，林肯卻「從來不以他自己的好惡來批判別人。假如有什麼任務要做，他也會想到他的敵人能夠做得像別人一樣好。假如一個以前曾經羞辱過他的人，或者是對他個人有過不敬的人，卻是某個位置的最佳人選，林肯還是會讓他去擔任那個職務，就像他會派任他的朋友去做這件事一樣……而且，他也從來沒有由於門戶之見認爲某人是他的敵人，或者由於他不喜歡某個人，而解除那個人的職務。」

很多被林肯委任而居於高位的人，以前都曾批評或者羞辱過他——像麥克里蘭、愛德華·史丹唐和蔡斯。但林肯相信「沒有人會因爲他做了什麼而被歌頌，或者因爲他做了什麼或沒有做什麼而被廢黜。」

從小，卡內基的家人每一天晚上都會從聖經裏面摘出章句或詩句來反覆誦讀，然後跪下來一齊念「家庭祈禱文」。——那些只要人類存有理想就會不停地一再重複的話：「愛你們的仇人，善待恨你們的人；詛咒你的，要爲他祝福；凌辱你的，要爲他禱告。」卡內基的父親做到了這些話所說的，也使他的內心得到一般將軍和君主所無法追求到的平靜。

◆人心是不可測的，但無論如何，永遠不要對敵人心存報復，否則，對自己的傷害將遠遠大於給別人的傷害。

3 不要對所做的事情感到倦怠

戴爾・卡內基智慧金言

・疲勞往往不是由工作引起，而是由於憂煩、挫折和不滿等

・每天時時跟自己交談，你的心靈就會海闊天空，快樂歡暢，疲勞也就飄然而去

疲勞是一種常見的現象。它產生的原因是多方面的，但主要原因之一是倦怠感。下面來看看愛麗絲的例子。

愛麗絲是個公司職員，一天，她回家時顯得精疲力竭、疲憊不堪。她真的是疲憊不堪——頭痛、背痛、不想吃飯，只想上床睡覺。經不住母親一再要求，愛麗絲才坐到餐桌旁……突然，電話鈴響了，是男朋友邀她去跳舞！這時愛麗絲的眼睛頓時亮了起來，整個人變得神采飛揚。她衝上樓，換好衣服出門，一直到凌晨三點才回家，她看起來一點也不顯得疲倦，而且因興奮過度而很久沒有入睡。

愛麗絲瞬間的兩種截然不同的表現足以說明了某種問題。就在八個小時以內，愛麗絲是不是真像她所顯現的那麼疲倦不堪呢？當然是的，因爲她對工作感到厭倦，抑或對生命也感到厭倦。在我們這個世界上，也許有成千上萬個愛麗絲，你或許就是其中之一。情緒上的態度比生理上的操勞更易使人產生疲倦。

幾年前，喬瑟夫・巴馬克博士在《心理學檔案》上發表了一篇實驗報告，闡述了倦怠感是如何導致疲勞的。巴馬克博士要幾個學生通過一系列枯燥無味的試驗，結果學生們都感到不耐煩想睡覺，並且抱怨頭痛、眼睛疲勞、坐立不安。有些人甚至覺得胃不舒服。難道這些都是「想像」出來的？當然不是。這些學生還做了新陳代謝的檢測，檢測結果表明：當人們感到厭倦的時候，身體血壓和氧的消耗量顯著降低。而當工作較爲有趣和富有吸引力時，代謝現象加速。

對此現象卡內基也有過親身經驗，他曾到加拿大洛磯山上的路易絲湖畔度假，連續幾天到珊瑚灣釣魚，一路上穿過高於頭頂的灌木叢，跨過倒在地上的橫木——總共八小時的顛簸困行，他一點也不覺得疲累。為什麼呢？因為他太興奮了，總是預想自己即將獲得的戰果——六條剽悍的大鱒魚！假使他對釣魚不感興趣，你想他會感覺如何呢？在海拔七千英尺高的原始地方，一定把他累壞了。

厭倦感甚至比艱辛的登山活動更容易讓你疲勞。有一位儲蓄銀行的總裁金曼先生曾講過這樣的一件事。

一九五三年七月，加拿大政府要求加拿大登山俱樂部提供指導人員，訓練威爾斯親王森林警備隊的隊員。金曼先生正是指導員之一。他和其餘被選中的指導員帶領那群年輕隊員踏上征途。他們越過冰河，走過雪地，用繩子登上四十米高的險峻峭壁。他們共攀越了邁克峰、副總統峰、還有加拿大洛磯山脈小喲喝山谷一帶幾個不知名的山峰。經過十五個小時的登山活動，這群年輕力壯的隊員個個精疲力竭。

這些人的疲勞現象是否由於肌肉過度勞累？難道突擊隊員訓練沒有把他們的肌肉訓練得結實一點？當然不是，他們之所以精疲力竭，是因爲他們不喜歡爬山，以致好幾個隊員連東西都不吃就睡著了。倒是那些年齡大上N倍的指導員還不致如此，那他們累嗎？當然，可是他們並沒有精疲力竭。他們吃過晚飯，談了好幾個小時有關白天的經歷。他們之所以如此，是因爲他們喜歡爬山。

哥倫比亞的愛德華・桑戴克博士主持了一項有關疲勞的實驗。他持續不斷安排一些令人感興趣的事務，讓一群年輕人保持近一星期不睡覺。他最後在報告中得出的結論是：「厭倦是唯一降低工作能力的原因。」

如果你從事的是腦力工作，使你疲勞的並不是因爲已經完成的工作量，反而可能是你沒有做的工作量。舉例來說，上星期的某一天，你的工作老是被打斷，久候的信件沒有回音，約會取消了，一件件的麻煩事……那天，每樣事都不對勁，你好像什麼事也沒有完成。因此，回家的時候你精疲力竭，頭痛欲裂。

第二天，辦公室裏諸事順利，你比前一天完成了好幾倍的工作。但是，回家的時候你仍然精力充沛，興致高昂。因此，我們可以得出一個結論：我們的疲勞往往不是由工作而起，而是由於憂煩、挫折和不滿等。

卡內基曾看過一部重映的音樂喜劇電影——《演戲船》。安迪是那艘名叫「棉花號」演戲船的船長。他在頗有哲學味道的插曲中說道：「能夠做自己想做的事，這種人是幸運的。」因爲這些人有更多的活力，更多的幸福，而又沒有憂慮和疲勞。

有位女速記員在奧克拉荷馬州吐爾薩市的一家石油公司工作。她每月總有好幾天要處理一些枯燥無味的東西，如填寫租約表格、整理統計資料等，這些工作實在太無聊，她不得不變通方式地工作，以使之有趣一些。她每天跟自己比賽，先計算早上填寫多少表格，下午再盡力超過這一數目，然後計算每天的工作量，第二天再想辦法做得更好。結果呢？她比別的速記員都做得快。這種方式幫她不致因對工作厭煩而產生疲勞，也對她產生了鼓舞作用。因為她畢竟盡力使一件原本枯燥無味的工作變得有趣，而自身也充滿活力，對工作更有興趣，能在一段自在的時刻裏得到快樂與享受。

下面是另一位女速記員的故事。她是伊利諾州艾姆赫斯的維莉．戈登小姐，她寫了這麼一封信給卡內基：

「我的辦公室裏有四位速記員，每個人都被分派處理某些特定信件。有時候，我們會被那堆信件搞得頭昏腦脹。一天，某部門的助理堅持要我把一封長信重新打出來，我不願意。我告訴他，信根本不用重打，只要把錯別字改正過來就可以。他卻說，如果我不做，他照樣可以找到人去做！我真氣壞了，但不得不重新打，因為我想到有一個人會趁機取代這個工作，而且公司是付了錢要我工作的。於是我覺得好過些，只好假裝自己喜歡這個工作——雖然我假裝喜歡自己的工作，但是，我真的就多少有點喜歡它了。我也發現，一旦我喜歡自己的工作，就能做得更有效率。所以現在我很少需要加班。這種新的工作態度，使大家認為我是個好職員。後來，某部門主管需要一名私人秘書，就選上了我——因為他說，我總是高高興興地去做額外的工作！這種心態的改變所產生的力量，實在是我最重要的大發現，也的的確確奇妙無比！」

戈登小姐正是利用了漢斯．瓦辛格教授的「假裝」哲學。他教我們「假裝」自己感到快樂——諸如此類的方法。如果你「假裝」對工作感興趣，這種態度往往會使你的興趣弄假成真。這種態度還能減少疲勞、緊張和憂慮。

想些該想的事，會使你的工作變得並不那麼可厭。上司喜歡下屬對工作充滿興趣，但是，我們不用管上司要什麼，我們只想想對工作感興趣能爲我們帶來什麼就可以了。記住，如果你不能從工作中得到快樂，可能也很難從別處得到。還有什麼比快樂更重要呢?!時時提醒自己，對工作保持興趣，這不但可以免除憂慮。從長遠處看，還可能使你得到升遷加薪的機會。縱使不能，它還是可以減低疲勞，並且幫助你歡享安閒自在的時光。

◆每天時時跟自己交談，談些需要感謝的事情，思考什麼是勇氣和幸福，什麼是和平的力量。你的心靈就會海闊天空，快樂歡暢，疲憊也就悄然而去。

4 將不利因素轉化為成功因子

戴爾・卡內基智慧金言

- 人生最重要的不是以自己的所得投資，而是如何從損失中獲利
- 真正的快樂不見得是愉悅的，它多半是一種勝利
- 找尋你的那片星空

有一天卡內基到芝加哥大學訪問羅伯特・哈金斯校長，請教他是如何解決憂慮的。他的回答是：「我一直遵循已故的西爾斯百貨公司總裁朱利斯・羅森沃德的建議：『如果你手中只有一個檸檬，那就做杯檸檬汁吧！』」

這是那位芝加哥大學校長所採取的方法，但一般人卻剛好反其道而行之。他們發現命運送給自己的只是一個檸檬，會立即放棄，並說：「我完了！我的命怎麼這麼不好！一點機會都沒有。」於是他們與世界作對，並且陷於自憐之中。如果是一個聰明人得到了一個檸檬，他會說：「我可以從這次不幸中學到什麼？怎樣才能改善我目前的處境？怎樣把這個檸檬做成檸檬汁呢？」

偉大的心理學家阿德勒窮其一生都在研究人類及其潛能，他曾經宣稱他發現人類最不可思議的一種特性——「人具有一種反敗爲勝的力量」。

下面這位女士的經歷正好印證了那一句話。這位女士是瑟爾瑪．湯普森。

戰時，我丈夫駐防加州沙漠的陸軍基地。為了能經常與他相聚，我搬到附近去住。那實在是個可憎的地方，我簡直沒見過比那更糟糕的地方。我丈夫出外參加演習時，我就只好一個人待在那間小房子裏。那裏熱得要命——仙人掌樹蔭下的溫度高達華氏一二五度，沒有一個可以談話的人。風沙很大，所有我吃的、呼吸的都充滿了沙！沙！沙！

我覺得自己倒楣到了極點，覺得自己好可憐，於是我寫信給我父母，告訴他們我放棄了，準備回家，我一分鐘也不能再忍受了，我情願去坐牢也不想待在這個鬼地方。我父親的回信只有三行，這三句話常常縈繞在我心中，並改變了我的一生：

有兩個人從鐵窗朝外望去。

一個人看到的是滿地的泥濘，
另一個人卻看到滿天的繁星。

我把這幾句話反覆念了好幾遍。我覺得自己很丟臉，決定找出自己目前處境的有利之處。我要找尋那一片星空。

我開始與當地居民交朋友，他們的反應令我心動。當我對他們的編織與陶藝表現出極大的興趣時，他們會把拒絕賣給遊客的心愛之物送給我。我研究各式各樣的仙人掌及當地的植物。我試著多認識土撥鼠，我觀看沙漠的黃昏，我找尋三百萬年前的貝殼化石，原來這片沙漠在三百萬年前曾是海底。

是什麼帶來了這些驚人的改變呢？沙漠並沒有發生改變，改變的只是我自己。因為我的態度改變了，正是這種改變使我有了一段精彩的人生經歷。我所發現的新天地令我覺得既刺激又興奮。我著手寫一本書——一本小說，她使我逃出了自築的牢獄，找到了美麗的星辰。

瑟爾瑪．湯普森所發現的正是耶穌誕生前五百年希臘人發現的真理：「最美好的事往往也是最困難的。」

哈里．愛默生．佛斯狄克在二十世紀再次重述它：「真正的快樂不見得是愉悅的，它多半是一種勝利。」沒錯，快樂來自一種成就感，一種超越的勝利，一次將檸檬榨成檸檬汁的經歷。

卡內基曾造訪過一位住在佛羅里達州的快樂農夫。他曾將一個有毒的檸檬做成了可口的檸檬汁。當他買下農地時，心情十分低落。土地貧瘠，既不適合種植果樹，也不適合種植糧棉，甚至連養豬也不適宜。除了一些矮灌木與響尾蛇，什麼都活不了。

後來他忽然有了主意——他決定利用這些響尾蛇。於是不顧大家的驚異，他開始生產響尾蛇肉罐頭。幾年後卡內基去拜訪他時，發現每年有平均兩萬名遊客到他的響尾蛇農莊來參觀。卡內基說：「我親眼目睹毒液抽出後送往實驗室製作血清，蛇皮以高價售給工廠生產女鞋與皮包，蛇肉裝罐運往世界各地。」

卡內基買了一些當地的風景明信片到村中郵局去寄，發現郵戳蓋著「佛羅里達州響尾蛇村」，可見當地人很是以這位把毒檸檬做成甜檸檬汁的農夫為榮。

如果我們真的灰心到看不出有任何轉變的希望——這裏有兩個我們起碼應該一試的理由，這兩個理由保證我們試了只有更好，不會更壞。

第一個理由：我們可能成功。

第二個理由：即使未能成功，這種努力的本身已迫使我們向前看，而不是只會悔恨。它會驅除消極的想法，代之以積極的思想。它激發創造力，促使我們忙碌，也就沒有時間與心情去爲那些已成過去的事憂傷了。

世界著名的小提琴家歐爾・布林在巴黎的一次音樂會上，忽然小提琴的A弦斷了，他面不改色地以剩餘的三條弦奏完全曲。佛斯狄克說：「這就是人生，斷了一條弦，你還能以剩餘的三條弦繼續演奏。」

這還不只是人生，這是超越人生，是生命的凱歌！

人生最重要的不只是運用你所擁有的，因爲任何人都會這樣做。真正重要的是如何從你的損失中獲利。這才需要真智慧，也才顯示出人的上智下愚。

◆世事無常，如果一個人能將不利因素化為成功因子，那麼快樂就會永駐心田。

第四章
妥善安排工作和金錢

1 尋找你最喜歡的工作

戴爾・卡內基智慧金言

- 每個人都有自己喜歡的工作
- 對工作的滿意度至關重要
- 及早甄選自己喜歡的工作

每個人都有自己喜歡的工作。當然，並不是每個人都可以從事自己喜歡的工作。只有喜歡，才能激發最大的潛能。

如果可能的話，要儘量尋找你所喜歡的工作。

有一次有人向輪胎製造商古利奇公司的董事長大衛・古利奇請教，成功的第一要素是什麼？他回答說：「喜歡你的工作。」他說，「如果你喜歡你的工作，你工作的時間也許很長，但你卻絲毫不會覺得是在工作，而是在做遊戲。」

愛迪生就是一個很好的例子。

愛迪生幾乎每天在他的實驗室辛苦地工作十八個小時，在裏面吃飯睡覺，但他一點也不覺得辛苦。「我一生中從未做過一天工作，」他宣稱，「我每天樂趣無窮。」

卡內基曾聽查理斯．史茲韋伯說過與此相似的話。他說：「每個人從事他自己無限熱愛的工作的話，都可以獲得成功。」可是，如果你對自己想做的工作還沒有什麼概念的話，又怎麼能夠對工作產生熱情呢？

艾德娜．卡爾夫人曾為杜邦公司雇用過幾千名員工，她現在是美國家庭產品公司工業關係部副總經理，她說：「我認為這個世界上最大的悲劇就是，有許多年輕人從來沒有發現他們真正想做些什麼。我認為如果一個人只是從他的工作中得到薪水，而在其他方面卻一無所得，就有些可悲了。」甚至有一些大學畢業生到她那兒說：「我獲得了達茅斯大學的文學士學位（或康乃爾大學碩士學位），你公司有沒有職位適合我的？」

很多大學生根本不知道自己能夠做些什麼，也不知道自己希望做些什麼。正因此如此，有許多人剛開始時雄心勃勃，充滿了美麗的夢想，但到了四十多歲以後卻一事無成，痛苦懊喪，甚至精神崩潰。

事實上，選擇正確的工作甚至會對你的健康產生重要影響。瓊斯．霍金斯醫院的大夫雷蒙，配合幾家保險公司作了一項調查，研究人們長壽的原因，他把「正確的工作」排在了首位。這一結論正好符合蘇格蘭哲學家克雷爾的名言：「祝福那些找到自己心愛工作的人，他們已經不需再祈求其他的幸福。」

卡內基曾和索柯尼石油公司的人事部經理保羅．波恩頓暢談了一個晚上。他在過去二十年當中至少接見了七萬五千個求職者，並出版了一本名為《獲得工作的六個方法》的書。卡內基問他：「現在的年輕人求職，所犯的最大錯誤是什麼？」他回答說：「他們不知道他們想幹什麼，這真是讓人吃驚。一個人會費盡心思地選購一件穿幾年就會破舊的衣服，但在選擇一項關係他將來命運的工作時卻馬虎得多——而他將來的全部幸福和安寧全都建立在這項工作上。」

還有一點需要注意的是，即使會引起家庭糾紛，但卡內基仍然想奉勸年輕的朋友們，不要因爲你的家人希望你做什麼，你就勉強自己去幹某一行業。不要貿然從事某一行業，除非你真的喜歡。不過，你仍然要仔細考慮父母給你的建議。他們的年紀可能比你大一倍，他們已經獲得了豐富的智慧。但是到了最後階段，你還得自己作最後決定。因爲將來工作時，快樂或悲哀的是你自己。

◆ 快樂是每個人都希望的。自己喜歡的工作可以帶來快樂。你不妨及早甄選自己喜歡的工作。

2 求職不忘求人幫助

戴爾·卡內基智慧金言

- 擇業求職當慎重
- 求職路上他人的幫助至關重要
- 求職幫助也需要精心準備

人是鐵，飯是鋼，一頓不吃餓得慌。吃飯是人生的一件大事，而工作也就成了很多人一生中大部分時間的內容。選擇工作也就成了很多人經常思考的事，但是由於多方面的原因，並不是每個人都能得償所願。

曾有一位畢業於普林斯頓大學的高材生，他本來是學法律的，但是由於對形勢估計不足，以為從事商業活動可以賺大錢，所以他應聘到一家大型商業機構做推銷員。但是由於對推銷知識所知甚少，工作業績每況愈下，沒過幾個月就被炒了魷魚，重新進入求職者的行列。

這位年輕人的教訓是慘痛的。它告訴我們一個真實的道理：擇業求職一定要慎重。

其實，要謀求一份好的職業，固然需要一個人的睿智，他求的幫助也是至關重要的。卡內基以下建議——其中有一些是警告——可以讓人們在選擇工作時參考：

第一，閱讀並研究以下建議，它們是由美國最成功的職業指導專家基森教授擬定的

如果有人對你說他有一套神奇的方法，可以找到你的「職業傾向」，那你千萬不要找他。這些人包括摸骨家、星相家、「個性分析家」和筆跡分析家。但他們的方法並不靈。

不要相信這種人，他們說可以給你先作一番測驗，然後指出你該選擇哪一種職業。這種人原本就已經違背了職業輔導員的基本原則。

職業輔導員首先必須考慮被輔導人的健康、社會、經濟等各種情況，同時還應該爲被輔導人提供就業的具體資料。

找一位有豐富的職業資料藏書的職業輔導員，並在接受輔導期間充分利用這些資料和書籍。

充分的就業輔導服務通常需要面談兩次以上。千萬不要接受函授性質的就業輔導。

第二，避免選擇那些早就很激烈並且擁擠的職業和行業

在美國，謀生的方法有兩萬多種。在一所學校內，有三分之二的男孩子選擇了五種職業——兩萬種職業中的五種——而五分之四的女孩子也是一樣。怪不得有少數行業和職業人滿爲患，也難怪白領階層會產生不安全和憂慮感，以及「焦急性精神病」。需要特別注意的是，如果你想進入法律、新聞、廣播、電影以及「光榮職業」等早已經人滿爲患的行業時，你可要費一番大功夫。

第三，避免選擇只有十分之一的生存機會的行業

例如推銷人壽保險。每年有數以千計的人——往往是失業者——他們事先未打聽清楚，就開始推銷人壽保險。根據費城房地產信託大廈的富蘭克林·比特格先生的描述，以下就是這個行業的真實情形。

在過去二十年，比特格先生一直是美國最傑出而且最成功的人壽保險推銷員之一。他指出，百分之九十的推銷員首次推銷人壽保險時會既傷心又沮喪，而且會在一年之內紛紛投降。至於那些留下來的，十個人當中的一個人可以賣出這十個人銷售總數的百分之九十，而另外九個人只能賣出百分之十的保險。

換句話說，如果你去推銷人壽保險，那你在一年之內放棄而退出的機會比例爲九：一，而留下來的機會只有十分之一。而且即使你留下來了，成功的機會也只有百分之一而已，否則你僅能勉強度日。

第四，在你決定從事某個職業之前，先用幾周的時間全面瞭解該項工作

如何才能達到這個目的呢？你可以去找那些已在這一行業中待了十年、二十年或三十年的人士詳談。

這些面談對你的將來可能會產生極深的影響。卡內基已經從自己的經驗中瞭解到了這一點。卡內基曾在二十多歲時，向兩位老先生請教職業指導。現在回想起來，他清楚地發現這兩次會談是他人生的轉捩點。事實上，如果沒有這兩次會談，他的人生將會變成什麼樣子，可以說難以想像。

你該如何獲得這種職業指導會談呢？假設你打算當一名建築師。在你做出最後決定之前，應該花幾個星期去拜訪城裏和附近的建築師。

如果你很害羞而不敢單獨去見「大人物」，卡內基還有兩項建議，也許可以幫助你：

第一，找一個與你同齡的小夥子一起去。這樣，你們可以相互增加對方的信心。

第二，記住，你去向某人請教，等於是送給他榮譽。因爲他對你的請求會產生一種被奉承的感覺。成年人往往是很樂意向年輕的男女提出忠告的。因此你所求教的建築師將會很高興地接受這種訪問。

假設你已經拜訪了五位建築師，但他們都因爲太忙而不能接見你（這種情形並不多），那麼你不妨再去拜訪另外五位。他們之中總會有人願意接見你，給你提供寶貴的意見。而這些意見也許可以使你免去多年的迷失和憂慮。

此外，要克服「你只適合一項職業」的錯誤觀念。每個正常的人都可以在多項職業上取得成功；當然，每個正常的人也可能在多項職業上失敗。

◆一定要記住，向他人請教是在做你生命中最重要，而且影響最深遠的一項決定。因此，在你採取行動之前，務必多花點時間瞭解事實的真相。如果你不這麼做，那麼你的下半輩子可能後悔不已。

3 捂住你的腰包不鬆手

戴爾・卡內基智慧金言

- 人的煩惱百分之七十都和金錢存在關係，而人在處理金錢時，卻往往十分盲目，結果給自己帶來麻煩
- 令多數人感到煩惱的，並不是他們沒有足夠的錢，而是不知道如何支配手中已有的錢
- 即使我們擁有整個世界，我們一天也只能吃三餐，一次也只能睡一張床——即使一個挖水溝的人也能做到這一點，也許他們比洛克菲勒吃得更津津有味，睡得更安穩

一分錢憋倒英雄漢。根據《婦女家庭月刊》雜誌所作的一項調查，人生百分之七十的煩

惱都和金錢有關。蓋洛普民意調查協會主席蓋洛普．喬治說，根據他的研究顯示，大部分人都認為，只要他們的收入增加百分之十，他們就不會再有任何經濟困難。在很多情況下確實如此，但是令人驚訝的是，有更多的情況並不是這樣。

卡內基曾向預算專家愛爾茜．史塔普里頓夫人請教。她曾擔任紐約和詹培爾兩地的華納梅克百貨公司的財政顧問多年；她還以個人指導員身分，幫助過那些受金錢拖累的人；也幫助過不同收入的人，從每年賺不到一千美元的行李搬運工到年薪十萬美元的公司經理。她告訴他說：「對於大多數人而言，多掙些錢並不能解決他們的財政困難。」

事實上，卡內基經常看到，在很多人的收入增加之後，並沒有什麼大的作用，反而突然增加了開支——也增加了頭痛之事。「使大多數人感覺煩惱的，」她說，「並不是他們沒有足夠的金錢，而是他們不知道如何支配手中已有的錢！」

史塔普里頓夫人的話揭示了大多數人財政困難的真正原因，值得我們深思。只要認真對待，就可以擺脫財政危機。

有許多讀者可能會說：「我希望你自己來試試看；拿我的週薪支付我的賬款，維持我應有的開支。只要你試一試，我敢保證你會知道我的困難，不再敢誇口。」這也許不錯，因為卡內基也有過自己的財政困難。

卡內基曾在密蘇里州的玉米田和糧倉做過每天十小時的苦力工作。他辛勤地工作，累得腰酸背痛。他當時所做的那些苦活累活，並不是每小時一美元的報酬，也不是五十美元，也不是十美分——他當時拿的是每小時五美分，而且每天工作十小時。

他知道持續二十年住在沒有浴室、沒有自來水的房子裏是什麼感受；他知道睡在零下十五度的臥室中是什麼感受；他也知道徒步好幾里，以節省十美分，以及鞋底穿洞、襪子打補丁是什麼感受；他還嘗過在餐廳裏只能要最便宜的菜，以及把褲子壓在床墊下是什麼滋味——因為他沒錢把它們交給洗衣店。

然而，他在那段時間裏仍然勉強自己從收入中省下幾個銅板，因為他若不那麼做的話，心裏就會不安。

由於有了這段經驗，卡內基終於明白，如果一個人希望避免負債，並不受金錢的煩擾，就必須和那些公司一樣，擬定一個開支計畫，然後根據計畫花錢。可惜大多數人都不能這樣做。卡內基的好朋友利馮．西蒙金就向他指出，人們在處理財務問題時，往往會表現得十分盲目。西蒙金告訴卡內基，他所認識的一個會計在公司工作時，對金錢十分精明，但他在處理個人財務時……

比如，如果這個人在星期五中午領到薪水，他會走到街上，看到商店櫥窗中有一件他很喜歡的大衣，就會毫不猶豫地買下來——他從不考慮房租、電費，以及所有各項雜費遲早都要從這個薪水袋中抽出來支付。不過這個人也知道，如果他所工作的那家公司也像他這樣以貪圖目前享受的方式來經營，那麼公司一定會破產倒閉。其最後的結果不言而喻。

◆要知道，當某件事情牽涉到你的金錢時，你就是在為自己經營事業。而你如何處理你的金錢，實際上也確實是你「自己」的事，別人不能給你提供任何幫助。

4 學習管理金錢的規則

戴爾・卡內基智慧金言

- 管理金錢有規則
- 有計劃地生活，自然可以得到幸福
- 一定要靈活運用金錢管理規則

管理金錢的原則是什麼呢？應該如何進行預算和計畫呢？卡內基提出以下十一條規則供你學習。

規則一：把事實記在紙上

亞諾・班尼特於五十年前來到倫敦，他當時立志當一名小說家。那時他很窮，生活壓力非常大，所以他把每一便士的用途都作了記錄。他是想知道自己的錢怎麼花掉了嗎？不是。他是想做到心裏有數。他十分欣賞這個方法，不停地做這種記錄，甚至當他成為世界著名的作家、富翁，而且擁有一艘私人遊艇之後，還保持著這個習慣。

有關專家建議，我們最起碼要記下第一個月的詳細開支賬目——如果可能的話，可以持續三個月。這樣做只是爲我們保持一個正確的記錄，好讓我們知道這些錢都是如何花掉的，然後我們就可以根據它來做預算和計畫。

規則二：制定一項真正適合你的財務計畫

假定有兩家鄰居，他們住同樣的房子，同樣的社區，甚至連家裏的收入和人數也一樣，但是他們的財務預算卻有很大的差異。

爲什麼會這樣呢？因爲人們的性格不同使然。財務計畫必須根據每個人的實際情況來制定。

之所以要制定計劃，並不是想趕走生活的樂趣，它的真正意義在於給我們一種安全感——物質上的安全感。在大多數情況下，物質上的安全可以帶來精神上的安全和優越感。史塔普里頓夫人說：「根據計畫生活的人，一般都比較幸福。」

規則三：學習如何明智地花錢

卡內基指的是學習如何使你的金錢體現出最高價值。所有大公司都設有專門的採購員，他們不做別的事，只設法爲公司買到最合適的物品。你作爲個人財產的主人，何不也這樣做呢？

規則四：不要因你的收入增加而多添煩惱

史塔普里頓夫人告訴卡內基，她最怕的就是被年薪五千美元的家庭請去作財務預算。卡內基問她為什麼，她說：「因為每年收入五千美元似乎是大多數美國家庭的目標。他們可能經過多年的辛苦奮鬥才實現這一目標——而當他們每年的收入達到五千美元後，他們認為自己已經『成功』了。他們開始大量花銷：在郊區買房子，買新車子，增添新傢俱，以及許多新衣服——等他們發覺時，已經陷於赤字階段了。實際上他們比以前更不快樂——因為他們增加的收入全被花光。」

我們都希望獲得更高的生活享受，但從長遠角度來看，強迫自己在財務預算之內生活，或是讓催帳單塞滿你的信箱，以及債主猛敲你的大門，到底哪一種方式會帶給我們更多的幸福呢?!

規則五：如果你必須借貸，就設法爭取銀行貸款

有時你不得不貸款。雖然貸款的門路很多，但相較而言，還是銀行貸款好一點，一來利息較低，二來比較可靠，至少不會像高利貸那樣。

規則六：購買醫藥、火災，以及緊急開銷方面的保險

對於各種意外、不幸，以及可以預料的緊急事件，你都可以購買小額保險。但這並不是建議你對任何事件都投一份保險，卡內基鄭重地建議你爲自己投一些主要的意外險；否則，萬一出了事，不但花大筆的錢，也很令人煩惱。

規則七：不要讓保險公司用現金把你的人壽保險金支付給你的受益人

如果你購買人壽險是爲了在你死後能使家人有一份保障，那麼卡內基建議你千萬不能讓保險公司將大筆現金一次性付給你的受益人。

紐約市人壽保險研究所婦女部主任馬利翁．艾伯利夫人曾在全國各地的婦女俱樂部演講，呼籲不讓寡婦領取大筆的人壽保險金，而改為領取終生收入。她指出這樣做大有益處。她提到了一位收到二萬美元人壽保險金的寡婦，她把這些錢借給兒子從事汽車零件銷售，結果失敗了，現在她窮困潦倒，連一日三餐都難以保證。

多年以前，《星期六晚郵》在它的一篇社論中說：「大家都知道，由於大多數婦女沒有受過商業訓練，又沒有銀行替她們拿主意，因此她們很可能在第一個狡猾的掮客向她們遊說之後，就貿然地把她們丈夫的人壽保險金拿去購買股票。」或許這正道出了很多保險人受益人盲目使用保險金的根本原因。

規則八：教育子女養成對金錢負責的態度

卡內基永遠都不會忘記他從《你的生活》雜誌中看到的一篇文章。文章的作者史蒂拉．威斯頓．圖特講述了她如何教育她的小女兒養成對金錢負責的態度。她從銀行索要了一本特別儲蓄簿，將它交給了九歲的女兒。每當女兒得到了每週的零花錢時，就將這些錢「存進」那本儲蓄簿中，母親則成了「銀行」。然後，在那個星期之中。每當她要用錢時，就從這個賬簿中「提取」，把餘款詳細記下來。小女孩不僅從這個活動中得到了許多樂趣，而且學會了如何處理金錢。

規則九：如果你是家庭主婦，也許可以在家中賺一點額外收入

如果你制定好開支預算之後，發現仍然無法彌補開支，那麼你可以想辦法賺一點額外的收入。

看看你的四周，你也許會發現許多尚未達到飽和的行業。例如，如果你自己是一名優秀的廚師，你也許可以開一個烹飪培訓班，就在你自己的廚房裏教年輕女孩子。這也是一種賺錢之道，說不定上門求學的學生絡繹不絕呢！

有許多書教導你如何利用空閒時間賺錢，你可去公立圖書館借閱。不管男人女人，都有許多機會工作。

規則十：不要賭博——永遠也不要

卡內基總是不理解那些想從賭賽馬和玩吃角子機器上贏錢的人。卡內基認識一個人，他有多台「單手土匪」遊戲機，並依靠這些機器爲生。卡內基對於那些天真地想打敗這些騙錢機器的傻瓜，除了蔑視之外，別無同情。

卡內基還認識美國最出色的一名賭賽馬的老手。他是卡內基成人教育班上的一名學員。他告訴卡內基，根據他的全部經驗，他並不能從賭賽馬中賺到錢。然而，事實上每年都有許多傻瓜，他們在賽馬中賭掉了六十億美元的錢——剛好是美國在一九一〇年全國總債務的六倍。這位賽馬賭徒還告訴卡內基說，如果他想毀滅他的敵人，最好的辦法就是說服這位敵人去賭賽馬。卡內基問他，如果有人根據賽馬的內幕情報來下賭注，那結果會如何？他回答說：「照這種方式來賭賽馬，可以把美國造幣廠整個都輸掉。」

規則十一：如果我們不能改善自己的經濟狀況，不妨寬恕自己

如果我們不能改善自己的經濟狀況，也許我們可改進我們的心理態度。記住，別人也有他們的財務煩惱。我們可能會因爲經濟條件不如別人而煩惱，但別人也可能因爲比不上另一家而煩惱，而這另一家又因爲比不上另一家而煩惱。

即使美國歷史上最著名的人物，也有他們的財務煩惱。例如，林肯和華盛頓都必須向人借貸，才能上路趕往首都就任總統。

如果我們得不到我們所希望的東西，最好不要讓憂慮和悔恨來打攪我們的生活。我們不妨原諒自己，豁達開朗一些。根據古希臘哲學家艾皮利蒂塔的說法，哲學的精華就是「一個人生活上的快樂，應該來自於盡可能減少對外界事物的依賴。」羅馬政治家及哲學家塞尼加也說：「如果你一直覺得不滿足，那麼即使你擁有了整個世界，我也會覺得傷心。」

◆有關金錢管理的原則，值得深入研究。假如你真正領悟了其中的真諦，你應該會真正成為金錢的主人，再也不會因自己的失誤而為金錢煩惱。

5 不隨意舉債，遠離債務漩渦

戴爾・卡內基智慧金言

- 只有那些債務纏身，因債務而吃盡苦頭的人，才瞭解負債是人生的最大威脅
- 要盡可能地避免舉債，遠離債務的漩渦

當你準備創業之時，最好不要心存太大的奢望，開始規模小些也不要緊，只要你確實是一個傑出的人、能幹的人，經過一段時間的籌畫經營後，自然能發展得非常喜人。假如你能做到這一點，即使資本是借來的，倒也無妨。

一個毫無成功把握的青年人去創業，沒有不遇到經濟困難的。但是，假如他確實有相當能力和充分的成功把握，這樣無形中就已經在別人面前樹立了信用，那麼即便他靠借來的本錢創業，確實沒有太大關係。

不過假如你認爲只要借得一筆資本，就能夠創業了，那你就完全想錯了。實際上，即便你已經借到了資本，你也未必會創業成功。那些毫無商業經驗的青年人靠借來的錢做生意而最後能成功的實在不多見。

一個立意要創業的人，首先必須掌握所要從事的業務範圍的詳細情況；其次，還要有挑選錄用合格雇員的眼力。假如這兩點做不到，你對於所要經營的事業竟然毫無頭緒，在挑選錄用員工方面也不加區別，那麼即便你做事很忠誠，待人很誠懇，當你向別人開口借錢以作爲你的創業資本時，其他人也會毫不猶豫地一口回絕。

富蘭克林有句話說得好：「借錢等於自投苦惱的羅網。」

當然，這句話並不適用全部的情形，也有一種例外。當一個人由於意外事件而陷入困境時，當遭遇很多從天而降的禍患時，往往任何人都難以靠自己的努力去避免，即便是滿懷希望的事業也難免遇到意外的困難和阻力，到了那時，不論你怎麼小心謹慎，無論你思想上如何正確，無論你怎樣不愛向人借錢，爲了應一時之急，你都必須硬著頭皮去向銀行貸款。但就是到了那時，也要謹記一條：「借得慢，還得快。」

一個步入生活的正軌、沿著事業的健康道路前進的青年人，首先要注意的是。要在自己的才能、意願、目標之間建立適當的平衡。不要因爲野心太大，眼光太高，便走上舉債經營的道路。應當記住一句話：「盡可能地避免舉債。」

比徹教導他的兒子說：「你得像逃避惡魔一樣避免借債。」青年人要快下決心，不論你怎樣急需金錢，也不要讓你的名字出現在人家的賬簿上！

舉債是要冒風險的，但既然決定舉債，那就要注意一些細節。

一些年輕人由於大意的緣故，經常因爲借貸不立契約或不立書面的憑據而發生許多有損名譽的糾紛，使他們的前途受到不利的影響，並且還使他們在道德與精神上受到極大的傷害。

世界上每年有無數本來大有前途的年輕人由於借債而遭到了意外的失敗。當他們剛跨入社會時，或許還沒有染上借債這種惡習；他們原先或許非常看重名譽，也從不喜歡到處去借錢來胡亂花用，那時他們的前途是非常光明的。但後來由於一點小小的用途無意中開啓了借債的大門後，他們便漸漸陷入了難以自拔的危險境地。

每年因債務糾紛而喪生的人，比因戰爭而死的人要多出數十倍以上。現代的二十個天才人物中，居然有七個人因舉債而丟掉了性命，包括一個小說、一個學者、兩個法學家、兩位政界名人和一個演講天才。

美國的一位聞名人物斯蒂芬遜做人是特別小心謹慎的，這爲人所共知，人皆敬仰；可是他在描述自己理想中的生活時，還戰戰兢兢地希望自己不要陷入借債的漩渦中去。

紐維爾·希里斯博士也說：「你要使自己過上一種安穩的生活，要保持自己良好的名譽，必須遵守一條規律：那就是賺得多，花得少。」在這個隨處佈滿陷阱的現代社會，好像沒有什麼比這件事更需要人們加以小心防範。

有的青年之所以喜歡向人借債，是由於他們看不到借債背後所隱藏著的危險。假如他們考慮到萬一不能還清債務的嚴重後果：包括喪失人格、迫不得已的撒謊、可能的營私舞弊、爲逃避債務而東躲西藏等等，他們真不知道要急成什麼樣子，甚至連覺也睡不香，飯也吃不下。假如他們弄清了一旦戴上了債務的手銬無法掙扎的情形，他們一定會喊起來：「寧可窮苦而死，也不做債務的奴隸。」

◆債務漩渦，一個令人不寒而慄的字眼，它足以毀壞一個人的名譽、地位和前途，甚至會吞噬一個人的生命，每個人都應對其予以警惕。

◆債務會把一個人的體力、氣魄、人格、精神、志趣、雄姿消磨得一乾二淨；債務對人的壓迫，還會把一個人一生的希望全部毀滅。

6 擬定家庭預算計畫

戴爾・卡內基智慧金言

・凡事都要做好計畫，家庭生活也是如此
・要認真學習家庭預算計畫原則
・毫無計畫地花費，就等於讓每個人都來分享你的收入

在小說裏，迷人和不負責任常常會同時出現在一個吸引人的角色身上。但是，在現實生活裏，沒有其他事會比財力上的失誤更使人傷心或討厭了。

現在，我們的錢所能買到的東西，比起十年前或者甚至五年前都要少得多了。女士們面對著一個不成比例的挑戰，必須好好利用那些錢。

大家都認爲，只要我們的收入增多一些，我們所有的憂慮就都可以解決了。這是一個普遍存在的錯誤觀點。據專家們說，事情並不是這樣。艾爾西・史泰普來頓曾經擔任華納莫克和吉姆貝爾百貨公司職員和顧客的財務顧問。他認爲，對大部分人來說，增加收入只是造成花費的增加而已。

加拿大的蒙特利爾銀行勸告顧客們，要學習精明地花費他們的收入——也許他們會遇到處理一大筆收入的機會。

卡內基認識一位全國知名的心理學家。他對家庭關係有很深的研究，但他也有個特殊的缺點：他對於家庭預算似乎毫不內行。「處理家庭收入是個簡單問題，」他說，「有錢就多花，沒錢就少花。」

卡內基同意他的理論的確簡單，但是這種做法，等於沒有好好處理一個人的收入。他的話裏有一種動人與毫不在乎的意味，使人們想起小說裏那些迷人的放浪人物——等到人們靜下心來想想他話裏的含義，才發覺有點不對勁。

毫無計畫地花費，就等於讓每個人——包括肉販、麵包商等——都來分享你的收入——除了你本身以外的每個人。

有計劃或是有預算的花費，可以保證你和你的家人能夠從你的收入裏得到公平的分享。

預算並不是一件束縛行動的緊身衣，也不是毫無目的地把花用掉的每一分錢都做個記錄。預算是一張藍圖、一個經過計畫的方法，用以幫助你從你的收入中得到更大的好處。正確的預算方式，將會告訴你如何達成目標——自己的家庭生活——你家小孩子們的大學教育費用——你老年的保險金——你夢想中的假期。

預算開銷將會告訴你，可以刪減那些比較不重要的項目，去塡補你想要做的大花費。

如果你從沒有做過預算，就應該馬上開始學習如何處理家庭財務，使你的收入發揮最大的效用。如果你會賺錢但是不會節省，它可以幫助你管緊錢包。如果你本來就節省，它可以為你增加信心。

以下一些原則，可以幫助你完成你自己的家庭預算計畫：

(1)**記錄每一件開銷，使你對於支出情形有個清楚的瞭解**。

除非我們知道錯在哪裏，否則我們就無法改進任何情況。如果我們不知道在何處刪減，為什麼要刪減，以及刪減什麼，節約就是毫無意義的事。所以，我們應該在一段時間內，記錄下所有的家庭開銷——例如，記錄三個月看看。

(2)**根據家庭的特殊需要，設計出自己的預算**。

首先，把你這一年裏固定的開銷列出來——房租、食物預算、利息、水電費、保險金。然後計畫你其他的必要開銷——衣服、醫藥費、教育費、交通費、交際費，等等。

擬定計劃需要決心、家庭合作，有時候還需要嚴謹的自制力。我們不能買下每一件東西——但是我們可以明確什麼東西對我們最重要，而犧牲掉最不重要的東西。

(3)**至少要把每年收入的百分之十儲蓄起來**。

規定你自己——也就是說，你的家庭——一個固定開銷。至少要把十分之一的收入儲蓄起來，或拿去投資。也許你還可以想辦法建立一筆額外資金，拿來做特殊用途，譬如買房子或汽車。

財務專家說過，如果你能節省你收入的十分之一，雖然物價高昂，不到幾年你也就可以獲得經濟上的舒適。

(4)準備一筆意外或緊急用途的資金。

大部分的預算專家都勸告每一個年輕家庭，至少要存下一至三個月的收入，用於緊急事件。

這些專家警告說，想要存太多錢的人，會發覺很難辦到，結果根本就存不了錢。與其要斷斷續續地隔幾周才一次存五元，倒不如每週固定地存下二點五元，效果會更好。

(5)使預算計畫成為全家人的事。

預算顧問相信，預算計畫必須得到全家人的合作。經常舉行家庭預算討論會，往往可以減除情緒上的不和——因爲我們大家對於金錢的態度，都會受到自己的經驗、氣質與教育程度的影響。

(6)考慮人壽保險的問題。

瑪莉昂·史蒂芬斯·艾巴里，是人壽保險協會婦女部的主任。對全國的女士來說，她所說的話就是人壽保險專家的看法。她認爲，如果一個男人過早去世了，人壽保險就可以保護這個人的家庭；如果他活著要享受餘年，人壽保險就可以供給他獨立的基金。

◆每個家庭都有自己的實際情況，只要從實際出發，按照家庭預算的原則，認真考慮，就可以制定一個完善的家庭預算計畫，經過全家人的共同努力，家庭生活就會在一個健康的軌道上發展。

7 適度節儉，細水長流

戴爾・卡內基智慧金言

・所謂節儉，從寬泛的角度講，包含了深謀遠慮和權衡利弊的因素

・真正的節儉並非吝嗇，而是有效的節省，並非一毛不拔，而是用之適當

・過度的、不當的節省，常常會消耗人的體力和精力

節儉是一種美德，但並不是任何方式的節儉都是正確的。美國作家約瑟・比林斯說：「有幾種節儉是不合適的，比如忍著痛苦求節儉。」

卡內基認識一個富人，他就是一個節儉的奴隸。比如，他老是爲了節省十個美分而犧牲大好光陰。他這種浪費寶貴的時間去節省細小東西的做法，確實是得不償失。他甚至在經營商業的時候，也表現出此種過度節省的吝嗇作風。他對雇員們說，包紮時不論如何都要節約一些繩索，並把這一條作爲公司的規定。即使由於這一條規定而浪費的時間要遠遠超過一繩一索的價值，那位富人仍然在所不惜。

卡內基覺得這位富人的做法是不正確的。爲了節約一些繩索，而浪費無價的時間。爲了一棵樹而丟掉了一片森林，這是多麼愚蠢的事情啊！

真正的節儉並非吝嗇，而是有效率地節省用度；並非一毛不拔，而是用度適當。

善於節儉的人與不善節儉的人，其實有很大的不同。那不善節儉的人常常爲了節省一分錢的東西，卻費去價值一角錢的光陰。很多人沒有見過什麼斤斤計較的人成就了大事業。吝嗇的節儉確實是最不合算的。而企圖做大事業的人，一定要有度，切不可斤斤計較於一分一厘。只有靠理智的頭腦、合理的處事，才能成功。

所謂節儉，從寬泛的角度講，包含了深謀遠慮和權衡利弊的因素。最聰明的節省，有時卻常需要過分的消費，比如做大生意使用交際費並不是一種浪費，乃是一種大度的用法。

慷慨大度經常有助於人的雄心的實現，能夠使人們獲得多方面的收獲，幫助我們在社會的階梯中上升，這遠比把金錢存入銀行更有價值。因此，欲成大業者，應該做到深謀遠慮，切勿因吝嗇而妨礙自己希望的實現，白白浪費太好時機。

節省的習慣，假如行之過度，反而得不到良好結果，非但不能成爲進身之階，反而常常成爲絆腳的石頭。商人吝嗇得不肯多花資金來經營，農夫吝嗇得不肯在地裏施肥，是同樣不正確的節省。俗話說：「種得少，收成也少。」

有一位年輕的商人，他總是在小的方面過度吝嗇，結果竟然使他的生意失敗。他的一套衣服和一條領帶，非到破舊不堪才肯拋棄。他從沒想到過，要請一個有密切業務往來的客戶吃一頓飯；在旅行時即便與熟悉的客戶偶然相遇，也從不替客戶付一次旅費。於是，他落得個吝嗇的名聲，結果大家都不願與他做交易。而他竟然還不知道，使他蒙受極大的損失的就是他那過度節省的習慣。

很多人爲要節省些小錢，竟損壞了他們自己的健康。要想在職業上獲得成功，必須防止不正確的節省。不論怎樣貧窮：你可以在別的地方講節省但卻不可在食物上節省，因爲食物是健康的基礎，也是成功的基礎。

過度的、不當的節省，常常會消耗人的體力和精力。許多人身體患著疾病，但爲了節省金錢竟不去求醫，不但受著痛苦，並且由於身體的病弱，在自己的職業上也做不出出色的業績來。

凡是足以阻礙我們生命前進的，不論是疾病還是其他障礙物。應當不惜一切代價來設法診治或補救，這是我們生命中最重要的事情。

◆每個人都應當將增進自己的體力和智力作為目標。因此。凡可增加體力和智力的事情，不管要耗費多少代價，都要去做。那些可以促進成功、有利於事業的事情，在金錢方面一定不可吝嗇。

第五章
正確對待別人的批評

1 從來沒有人會踢一隻死狗

戴爾·卡內基智慧金言

- 一隻狗愈重要，踢牠的人愈可以感到滿足
- 不公正的批評通常是一種偽裝過的恭維
- 從來沒有人會踢一隻死狗

一九二九年，美國發生了一件震驚全國教育界的大事，美國各地的學者都趕到芝加哥去看熱鬧。在幾年之前，有個名叫羅伯·赫金斯的年輕人，半工半讀地從耶魯大學畢業，做過作家、伐木工人、家庭教師和賣成衣的售貨員。如今，只經過了短短八年，他就被任命為美國第四有錢的大學——芝加哥大學的校長。他有多大？真叫人難以相信。老一輩的教育人士都大搖其頭，人們對他的批評就像山崩落石一樣一齊打在這位「神童」的頭上，說他如此，說他那樣——太年輕

了，經驗不足——說他的教育觀念很不成熟，甚至各大報紙也參加了攻擊。

在羅伯．赫金斯就任的那一天，有一個朋友對他的父親說：「今天早上我看到報上的社論攻擊你的兒子，真把我嚇壞了。」

「不錯，」赫金斯的父親回答說，「話說得很凶。但是請記住，從來沒有人會踢一隻死了的狗。」

不錯，打狗看主人，這隻狗對主人愈重要，一腳踢下去主人才會愈心痛，踢牠的人愈可以感到滿足。

後來成爲英王愛德華八世的溫莎王子（即溫莎公爵），他的屁股也被人狠狠地踢過。

溫莎王子曾在帝文夏的達特莫斯學院讀書——這個學校相當於美國安那波里市的海軍軍官學校。那時候他才十四歲，有一天，一位海軍軍官發現他在哭，就問他有什麼事情。他起先不肯說，但是終於說了真話：他被軍官學校的學生踢了。指揮官把所有的學生召集起來，向他們解釋王子並沒有告狀，但是他想曉得為什麼這些人要如此虐待溫莎王子。

大家推諉拖延又支吾了許久之後，這些學生終於承認說：等他們自己將來成了皇家海軍的指揮官或艦長的時候，他們希望可以告訴人家，他們曾經踢過國王的屁股。

你要是被人家踢了，或者是被別人惡意批評的話，請記住，他們之所以做這種事情，是由於這事能使那些人有一種自以爲重要的感覺；這通常也就意味著你已經有所成就，而且值得別人注意。

許多人在罵那些教育程度比他們高，或者在各方面比他們成功得多的人的時候，都會有一種滿足的快感。比方說，卡內基接到一個女人來的信，痛罵創建救世軍的威廉・布茨將軍。因卡內基曾經在廣播節目裏讚揚布茨將軍，因此這個女人寫信給他，說布茨將軍侵佔了她募來救濟窮人的八百萬美金捐款。

這種指責當然非常荒謬，但是這個女人並不是想找到事情的真相，只是想要扳倒一個比她地位高的人，來獲得她自己的滿足。

卡內基把她那封無聊的信丟進了廢紙簍裏。他看不出布茨將軍是什麼樣的人，但是卻對她非常的清楚了。多年前，叔本華曾說過：「庸俗的人在偉人的錯誤和愚行中，得到最大的快感。」

大約很少有人會認爲耶魯大學的校長是一個庸俗的人，可是有一位擔任過耶魯大學校長的摩太・道特，他就曾責罵一個競選了總統的人。「我們就會看見我們的妻子女兒，成爲合法賣淫的犧牲者。我們會大受羞辱，受到嚴重的損害。我們的自尊和德行都會喪失殆盡，使人神共憤。」

這幾句話聽來彷彿是在罵希特勒，對不對？但不是的，這些話是在罵湯瑪斯・傑弗遜。

哪一個湯瑪斯・傑弗遜呢？想必不是那位不朽的湯瑪斯・傑弗遜吧？那個寫《獨立宣言》的，那個民主政體的代表人物？一點也沒錯，說的正是這個人。

你想哪一個美國人曾經被人家罵做「僞君子」，「大騙子」，和「只比謀殺犯好一些」嗎？有張報紙上的漫畫畫著他站在斷頭臺上，那把大刀將要把他的頭砍下來；在他騎馬從街上走過的時候，一大群的人圍著他又叫又罵。他是誰呢？就是美國的國父喬治・華盛頓。

但是這些都是很久很久以前的事了，或許從那時候開始，人性已經有所改進。

讓我們拿一九〇九年四月，乘雪橇到達北極，而震驚全球的著名探險家佩瑞海軍上將為例子。幾百年來，許多勇敢的人為了要達成這個目標而挨餓受凍，甚至喪生。佩瑞也幾近由於饑寒交迫而死去，有八隻腳趾因凍僵受傷而不得不切除，他在路上所碰到的各種災難使他擔心自己會發瘋。而那些華盛頓的上級海軍官員們卻因為佩瑞這樣受到歡迎和重視而嫉妒異常。因此他們誣告他假借科學探險的名義斂財，然後「無所事事地在北極享受逍遙」。並且他們可能還真相信這句話，由於一個人幾乎不可能不相信他想相信的事情。他們想羞辱和阻撓佩瑞的決心強烈到最後必須由麥金萊總統直接下令，才使佩瑞能在北極繼續他的研究工作。

假如佩瑞當時是在華盛頓的海軍總部裏坐辦公桌的話，他會不會遭到別人的批評？不會的，那樣他就不會重要到能引起其他人的嫉妒。

格蘭特將軍的經歷比佩瑞上將的更糟。在一八六二年，格蘭特將軍贏得了北軍第一次決定性的勝利，使得格蘭特立刻成為全國性的偶像，甚至連遙遠的歐洲也產生非常大的反應。這場戰爭使得從緬因州一直到密西西比河岸，處處都敲鐘點火以示慶祝。但是在獲得這次偉大勝利的六個禮拜之後，他卻遭到了逮捕，兵權被奪，使他羞辱而失望地哭泣。

爲什麼格蘭特將軍會在勝利的巔峰狀態被捕呢？絕大部分是因爲他引起了那些傲慢的上級們對他的嫉妒與羡慕。

◆不公正的批評通常是一種偽裝過的恭維。記住，從來沒有人會踢一隻死狗。

2 撐起傘，避開非難之雨

戴爾．卡內基智慧金言

．批評猶如天空中降落的雨水，隨時都可能淋著你
．只要相信自己做的對，就不要在意別人怎麼說
．凡事盡力而為，然後撐起傘，自可避開非難之雨

有一次，卡內基訪問美國海軍陸戰隊最多彩多姿的少將——巴特勒少將。

巴特勒少將告訴卡內基，他年輕時，急切想要成名，渴望給每個人留下良好的印象。那個時候，只要有一點點批評都會令他很難過。不過他承認三十年的海軍陸戰隊生活把他磨煉得堅強多了，他說：「我曾被人批評得像條狗、蛇或臭鼬，我也被詛咒專家詛咒過。所有英文辭彙中最不堪的字眼，我都被人罵過。現在我聽到有人罵我，連頭都懶得回。」

巴特勒對批評可能太無動於衷了，不過，我們大多數人卻又把它看得太過嚴重。我們應該怎樣對待別人攻訐呢？

即使有人騙了我們，出賣了我們，在背後捅了我們一刀，被最親近的密友背叛——我們也不要墜入自憐的深淵。相反，我們正好可以提醒自己，那正是發生在耶穌身上的遭遇。

在耶穌的十二位最親信的門徒中，有一位僅僅為了現在算來大約十九美元的金錢，就背叛了耶穌。另一位門徒三次公開宣稱他不認得耶穌——甚至還發了誓。十二位中有兩位背叛了他，比率為一比六！

既然連耶穌的遭遇都不過如此，你我憑什麼期望得到更好的際遇？

長久以來，卡內基就發現既然無法避免不公的批評，起碼他可以做一些更重要的事：也就是決定自己是否要受到批評的干擾。

其實，卡內基並非對所有的批評都置之不理，而是僅僅忽略惡意的責難。

卡內基曾請教羅斯福總統夫人，問她如何處理惡意的非難——當然誰都知道她受盡了這類的批評。她可以算是擁有最多朋友，以及最多敵人的白宮女主人。她告訴他，她少女時期曾經非常害羞，害怕人們的閒言碎語。她恐懼別人的批評，有一天她去請教羅斯福總統的姐姐，她問道：「我想做一些事，可是又怕被人批評。」

羅斯福總統的姐姐看著羅斯福夫人說：「只要你相信自己做的是對的，就不要在意別人怎麼說。」

羅斯福夫人告訴卡內基，那一句話一直是她在白宮歲月中的支柱。她說：「做你認爲正確的事——因爲你反正會受到批評的。你會因爲做了某些事被罵，也會因爲什麼都不做而被罵，結果都是一樣的。」這就是她的忠告。

AIC公司總裁布拉什曾接受卡內基的訪問，卡內基問到他對別人的批評是否敏感時，他說：「沒錯，我年輕時確實對別人的批評非常敏感，當時我渴望全公司的人都認為我是完美的。如果他們不認為如此，我就會很煩惱。為了取悅第一個有反對意見的人，往往我得罪了另一個人。於是我又得安撫第二個人，結果搞得很多人都有意見。最後我終於發現，為了避免別人對我個人的批評，我試圖安撫的人越多，我也同時得罪了更多人。我只有告訴自己，『如果你身居領導地位，就註定了要被批評，想辦法習慣它吧！』這對我很有幫助，從那以後，我只管盡力而為，然後撐起一把傘，讓批評之雨順傘滑落，而不再讓它滴到脖子裏，讓自己難過。」

美國作曲家迪姆斯・泰勒做得更徹底，他不但不受到批評的傷害，還能在公開場合一笑置之。他在周日下午的電臺音樂節目中作評論，有位女士寫信給他，稱他為「騙子、叛徒、毒蛇、白癡」。泰勒在他的著作《人與音樂》中提到這段往事：「我懷疑她可能是隨意說說的，於是在下周的廣播節目中，我向所有的聽眾念出這封信，可是幾天後，我收到同一位女士的來信，堅持她對我的想法，我仍是騙子、叛徒、毒蛇與白癡。」

人們實在佩服泰勒處理別人攻訐的態度，值得佩服的是他的真誠，鎮定以及高度的幽默感。

美國企業家史瓦伯在普林斯頓大學向學生團體演說時，坦白地提到他所學到的最重要的教訓，是鋼鐵廠中的一位德國老工人教給他的。這個德國工人跟另一位鋼鐵工人捲入一場激烈的爭辯，結果別人把他丟到河裏去了。「當他到我辦公室來時，滿身都是泥濘，我問他到底說了什麼，別人會把他丟到河裏，他說，『我什麼都沒說，只是一笑置之。』」

史瓦伯把這德國佬的話——一笑置之——當做座右銘。

這句話對一個成爲惡毒攻訐對象的人，尤其正確。你回答別人，會引起針鋒相對，但你對一個「一笑置之」的人，還能說什麼呢？

美國內戰期間的林肯總統，如果沒有學會不理會排山倒海的各種攻訐，恐怕他早就崩潰了。林肯應付惡意批評的方法已成為經典。麥克亞瑟將軍把那段話掛在他的指揮總部辦公桌上，邱吉爾同樣有一份放在書房裏，林肯是這麼說的：「只要我不對任何攻訐做出反應，這件事就只有到此為止。我盡力而為，我將繼續如此，直到生命結束。到最後，結果證明我是對的，所有的責難都不具任何意義。反之，結果證明是我錯了，那麼即使有十位天使作證說我是正確的，也沒有用了。」

◆批評是人生中的調味品，每個人自己的人生中都可能遭遇它。如果你想自己的人生充滿快樂，那麼就專心致志地做自己的事吧，不要在乎別人的閒言碎語。

3 主動認錯，變煩惱為快樂

戴爾．卡內基智慧金言

- 承認錯誤遠比自我辯護更加有效
- 一旦你認了錯，一定可以得到別人的諒解，你的麻煩也就消散了

卡內基住的地方，幾乎是紐約的中心，但從他家中步行不到一分鐘，就是一片森林。當春天來臨時，那裏野花盛開，松鼠在樹林中築巢生育，草長得與馬頭齊高。這塊完整的原始林地叫做森林公園——它的確是一片森林，恐怕和哥倫布發現美洲的那天下午所看到的沒有什麼不同。他常帶著他的波士頓哈巴狗瑞克斯去公園中散步。這是一隻友善而不會傷人的小狗，並且因爲在公園中很少遇見人，因此他帶瑞克斯散步時，常常不給牠繫狗鏈或戴口罩。

有一天，他們在公園裏遇見了一位騎馬的員警，他好像急於要顯示他的威權。

「你不給狗戴口罩，不繫鏈子，卻在公園中亂跑，想幹什麼？」他責問卡內基說，「你難道不知道那是違法的嗎？」

「是的，我知道那是違法的，」卡內基輕柔地回答，「但我想牠在這裏不至於傷到人。」

「你想不至於！你想不至於！法律才不管你怎樣想呢。這隻狗也許會傷害松鼠，或咬傷小孩。這次我就算了，但如果我下回再在這裏發現這狗不戴口罩，不繫鏈子，你就必須去和法官解釋了。」

卡內基小心客氣地答應遵守他的命令。而他也的確遵守了——而且遵守了好幾次。但是瑞克斯不喜歡戴口罩，卡內基也不喜歡那樣，所以卡內基決定碰碰運氣。

起初一切都很順利，可好景不長，後來他們就遇到了麻煩。

一天下午，瑞克斯和卡內基正跑過一個小山丘，就在這時，忽然間——不幸得很，卡內基看見那位法律的權威，也即那位員警，正騎著一匹棕紅色的馬，瑞克斯在前面跑，直向著那個員警衝過去。

卡內基知道這回肯定麻煩了，所以，他還沒等到員警開口說話，就先發制人。他說：「警官先生，這次你當場抓住了我，我是違了法。我沒有推辭，沒有藉口。你在上星期已經警告過我，如果我再將小狗不戴口罩就帶到這裏，你就要罰我。」

「是的，是的。不過現在，」員警用溫柔的聲調說，「我也知道，在這周圍沒有人的時候，誰都忍不住想帶著這樣一隻小狗在這兒蹓躂一圈。」

「那真是一種引誘，」卡內基回答說，「但那也是違法的。」

「像這樣的一隻小狗不會傷人。」員警替他辯護說。

「不，牠也許會傷害松鼠。」卡內基說。

「哦，先生，我想也許你對這事太認真了。」員警告訴卡內基說，「讓我告訴你怎麼辦吧。你只要讓牠跑過那土丘，讓我看不見牠，我就可以將這事忘了，事情也就完了。」

和平常人一樣，那位員警也希望得到一種自重感，所以當卡內基開始責怪自己時，唯一能增加他的自尊的方法，就是對他表現得寬宏大度。

假如卡內基爲自己辯護的話，那結果又將會怎樣呢？你可曾與一個員警辯論過？你應該知道結果會是什麼樣的。

但卡內基沒有和他正面爭論，而是承認他是絕對正確的，自己是絕對錯誤的，自己爽快地、坦白地、真誠地承認這點。卡內基站在他的立場上說話，於是他也就反過來爲卡內基說話。這件事就這樣在平和的氣氛下結束了。即使是柴斯特．菲爾德爵士，也不會比這位騎馬的員警更加寬厚仁慈了，而僅在一個星期之前，這位員警還曾以法律的裁判來威嚇卡內基。

假如我們知道我們免不了要受責備的話，爲什麼不搶先一步，積極主動地認錯呢？難道自己責備自己，不比別人的斥責要好受得多？

要是你知道別人正想指責你的錯誤時，你就應該在他有機會說出來之前，自己把他要說的說出來。很有可能，他就會採取寬厚諒解的態度，而寬恕你的錯誤——正如那位騎馬的員警對卡內基和瑞克斯一樣。

費迪南．華倫是一位商業藝術家，他就曾用這種方法獲得了一位粗魯無禮、愛訓斥人的雇主的好感。

華倫先生說：「有些美術編輯要求將他們交代的工作立即做好。在這種情況下，出現細小的錯誤就在所難免。我認識的某位美術主任，總是喜歡雞蛋裏挑骨頭，我每次離開他的辦公室時，總是會感到不舒服，這並不是因為他的批評，而是因為他攻擊我的方法。

「最近，我交了一份萬分火急的畫稿給這位主任，他打電話讓我立刻趕到他的辦公室，說是出了問題。當我趕到那兒時，不出我所料——麻煩事來了。他滿懷敵意，正得意有了挑我毛病的機會。他惡意地質問我為什麼如此如此。我一看，這正好是運用我新學到的自我認錯方法的大好機會，於是我說：『主任先生，如果你說的是真的，那麼我錯了。對於我的過失，我絕無推託之意。我為你作畫這麼多年，應該知道如何做才會更好些。我自己也覺得很慚愧。』

「他立刻開始為我辯護了。『是的，你說得沒錯，但這畢竟還不是一個嚴重的錯誤。只不過是——』」

「我打斷了他。『無論什麼錯誤，』我說，『我都必須為此付出代價，否則會使人覺得討厭。』」

「他想要插嘴，但我沒有給他機會。我很高興。我有生以來第一次在批評自己——我很喜歡這樣做。」

「『我今後應該更小心些，』我繼續說。『你給我了許多工作機會，我應盡力做得更好。所以，我要重畫一次。』

「『不！不！』他反對說，『我絕不想那樣麻煩你。』」他稱讚了我的作品，並且對我說，他只不過是想做個小小的改動，我這點兒小錯對他的公司沒有什麼損失——而且，那畢竟是一個小節，不值得擔心。

「我急切地自我批評，使他怒氣全消。最後，他還請我吃了午飯，在我們分手以前，他又給了我一張支票，並交給我另外一件工作。」

◆一個有勇氣承認自己錯誤的人，也可以得到某種滿足感。這不僅只是消除罪惡感和自我辯護的氣氛，而且有利於解決實質性問題。

4 誠心感謝批評自己的人

戴爾・卡內基智慧金言

・我們不可能永遠都是正確的
・從批評中你可以得到很多益處
・虛心接受批評

如果有人罵你愚蠢不堪，你會生氣嗎？憤憤不平嗎？

我們來看看林肯是如何處理的。

林肯的軍務部長愛德華・史丹唐就曾經這樣罵過總統。一次，為了取悅一些自私自利的政客，林肯簽署了一個調動兵團的命令，史丹唐不但拒絕執行林肯的命令，而且還指責林肯簽署這項命令愚不可及。有人告訴林肯這件事，林肯平靜地回答：「史丹唐如果罵我愚蠢，我多半是真的笨。因為他幾乎總是對的。我會親自去跟他談一談。」

林肯真的去看史丹唐。史丹唐指出他的這項命令是錯誤的，林肯就此收回成命。問題就這樣解決了。

林肯很有接受批評的雅量，只要他相信對方是真誠的、有意幫忙的。

你我也應該歡迎這樣的批評，因爲我們不可能永遠都是正確的，連羅斯福總統也只敢期望自己在四次裏面有三次是正確的。

法國作家拉勞士福古曾說：「敵人對我們的看法比我們自己的觀點可能更接近事實。」很多人瞭解這句話常常是正確的，可是當被人批評的時候，如果不提醒自己，還是會不假思索地採取防衛姿態。不管正確與否，人總是討厭被批評，喜歡被讚賞。我們並非邏輯動物，而是情緒動物。我們的理性就像狂風暴雨下汪洋中的一葉扁舟。

聽到別人談論我們的缺點時，我們要控制自己，不要急於辯護，因爲每個沒有頭腦的人都是這樣的。讓我們放聰明點，也更謙虛一點。我們可以氣度恢弘地說：「如果讓他知道我其他的錯誤，他還要批評得更厲害呢！」

當你因惡意的攻擊而怒火中燒時，何不先告訴自己：「等一下，我本來就不完美。連愛因斯坦都承認自己百分之九十九都是錯誤的，也許我真是這樣，我應該感謝它，並想法從中獲得益處。」

美國一家大公司的總裁查理斯・盧克曼曾經用一百萬美元請鮑伯・霍伯上廣播節目。鮑伯從不看讚賞他的信，只看批評他的信，因為他知道，他可以從中學到不少東西。

福特汽車公司為了瞭解管理與作業上有何過失，特地邀請員工對公司提出批評。

一般人常因他人的批評而憤怒，有智慧的人卻想辦法從中學習。詩人惠特曼曾說：「你以爲只能向喜歡你、仰慕你、贊同你的人學習嗎？從反對你的人、批評你的人那兒，不是可以得到更多的教訓嗎？」

也許有人會問：虛心接受批評能夠使我得到成功嗎？卡內基曾經舉出這樣一個非常成功的例子作爲回答。

卡內基認識一位香皂推銷員。這位推銷員甚至主動要求人家給他批評。當他開始為高露潔推銷香皂時，訂單接得很少。他擔心會失業，他確信產品或價格都沒有問題，所以問題一定出在他自己身上。每當他推銷失敗，他會在街上走一走，想想什麼地方做得不對，是表達不夠有說服力？還是熱忱不足？大多數時間他會折回去，對那位商人說：「我回來不是想責給你香皂的，我希望能得到你的意見與指正。請你告訴我，我剛才什麼地方做錯了？你的經驗比我豐富，事業又成功，請給我一點指正。直言無妨，請不必保留。」

他這個態度為他贏得許多友誼，以及珍貴的忠告。

他後來升任世界上最大的洗滌用品公司之一高露潔公司總裁。這個人就是立特先生。

◆只有心胸寬大的智者，才能向豪威爾、富蘭克林及立特看齊。四下無人時，你何不攬鏡自問你到底屬於哪一種人？

5 自我省察，學會自我批評

戴爾・卡內基智慧金言

- 自我省察是與缺點奮戰的好方法
- 與其等待敵人來攻擊我們或我們所做的工作，倒不如自己動手

「我的失敗完全是自己的責任，不能怪罪任何人。我最大的敵人其實是我自己，這也是造成我的悲慘命運的主因。」這是對自己的最好批評。

卡內基曾經講述一位深諳自我管理藝術的人物的故事，他的名字是豪威爾。

一九四四年七月三十一日，豪威爾在紐約大使酒店突然身亡的消息震驚了全美，華爾街更是騷動。因為他是美國財經界的領袖，曾擔任美國商業信託銀行董事長，兼任幾家大公司的董事。他受的正式教育很有限，在一個鄉下小店當過店員，後來當過美國鋼鐵公司信用部經理，並一直朝更大的權力地位邁進。

卡內基曾請教豪威爾先生成功的秘訣，他告訴卡內基說：「幾年來我一直有個記事本，登記一天中有哪些約會。家人從不指望我週末晚上會在家，因為他們知道，我常把週末晚上留作自我省察，評估我在這一周中的工作表現。晚餐後，我獨自一人打開記事本，回顧一周來所有的面談、討論及會議過程。我自問：『我當時做錯了什麼？』『有什麼是正確的？我還能做什麼來改進自己的工作表現？』『我能從這次經驗中吸取什麼教訓？』我一直保持這種自我分析的習慣，它對我的幫助非常大。」

豪威爾的這種做法可能是向富蘭克林學來的。不過富蘭克林並不等到週末，他每晚都自我反省。

富蘭克林曾發現自己有十三項嚴重的錯誤。其中三項是：浪費時間、關心瑣事及與人爭論。睿智的富蘭克林知道，不改正這些缺點，是成不了大業的。所以，他一周訂一個要改進的缺點作為目標，並每天記錄贏的是哪一邊。下一周，他再努力改進另一個壞習慣，他一直與自己的缺點奮戰，整整持續了兩年。

難怪富蘭克林會成爲受人愛戴、極具影響力的人物。艾爾伯特・哈伯特說過：「每個人一天起碼有五分鐘不夠聰明，智慧似乎也有無力感。」

◆人生的最大追求就是進步，如果你想讓鮮花遍地，不妨榨出自己身上的渣滓。記住，自我批評在任何時候都是必要的。

第六章
為他人創造快樂

1 推己及人，多想想他人

戴爾·卡內基智慧金言

- 一個人想得到人生快樂，就不能只想到自己
- 每天想到他人，並努力使他開心，這樣就能保證你治好憂鬱症
- 快樂來自於你為別人、別人為你

奉獻別人，會帶來真正的快樂。蕭伯納說：「一個以自我爲中心的人總是在抱怨世界不能順他的心，不能使他快樂。」

著名心理學家阿德勒常對那些患有憂鬱症的病人說：「每天想到別人，你得努力使他開心。按照這個處方，保證你十四天內就能治好憂鬱病。」

阿德勒博士接著說：「他們的思想早被自己占滿了，他們會想：『我幹嗎去擔心別人？』有的人會說：『這對我太簡單了，我一生都在取悅別人。』事實上他們絕對沒有做過。我叫他們再想想看。我告訴他們：『你睡不著的時候，可以全部用來想你可以讓誰開心，而且這對你的健康會很有助益。』第二天我問他們：『你昨晚有沒有照我建議的去做呀？』他們回答：『昨晚我一上床就睡著了。』當然這都是在一種溫和友善的氣氛下進行的，不能露出一絲優越感。

「有人會說：『我做不到，我太煩了！』我會說：『不用停止煩惱，你只要同時想想別人就好了。』我要把他們的注意力轉移到別人身上。很多人說：『爲什麼要我去取悅別人？別人怎麼不來取悅我？』『你得想到你的健康。』我回答：『別人後來會有苦頭吃的。』我所有的努力不過是想提高病人對他人的興趣。我瞭解他們的病因是因爲與人缺乏交流，我要他也能瞭解這一點。什麼時候他能把別人放在同等合作的地位，他就痊癒了……十誡中最難的一條是『愛你的鄰人』……對別人不感興趣的人不但自己有很嚴重的困難，而且給周圍的人帶來最大的傷害。人類所有的失敗都是因爲這一類的人引起的……我們對人的要求，以及所能給予的最高讚賞就是，他應是一位好同事、好朋友、愛與婚姻的良伴。」

阿德勒博士的話令人震撼。他在諄諄督促我們日行一善。

什麼是善行呢？先知穆罕默德說：「善行是能給他人臉上帶來歡笑的行爲。」

爲什麼日行一善對人會有這麼大的益處呢？原因是想要取悅他人時，就不會有時間想到自己，而產生憂慮、恐懼與抑鬱的主要原因，就是只想到自己。

忘我而找回健康快樂的故事太多了。卡內基認識瑪格麗特．泰勒．耶茨，一位美國海軍最受歡迎的女性。

耶茨太太是一位小說家，但她寫的小說沒有一部比得上她自己的故事真實而精彩，她的故事發生在日本偷襲珍珠港的那天早晨。耶茨太太由於心臟不好，一年多來躺在床上不能動，一天得在床上度過二十二個小時。最長的旅程是由房間走到花園去進行日光浴。即使那樣，也還得倚著女傭的扶持才能走動。她親口告訴卡內基她當年的故事。

她當年以為自己的後半輩子就這樣在床上度過了。如果不是日軍來轟炸珍珠港，她永遠都不能再真正生活了。

發生轟炸時，一切都陷入混亂。一顆炸彈掉在她家附近，震得她跌下了床。陸軍派出卡車去接軍人的妻兒到學校避難。紅十字會的人打電話給那些有多餘房間的人。他們知道她床旁有個電話，問她是否願意幫忙作聯絡中心。於是她記錄那些海軍陸軍的妻小現在留在哪裏，紅十字會的人會叫那些先生們打電話來她這裏找他們的眷屬。

很快她發現她先生是安全的。於是，她努力為那些不知先生生死的太太們打氣，也安慰那些寡婦們——好多太太都失去了丈夫。這一次陣亡的官兵共計二一一七人，另有九百六十人失蹤。

開始的時候，她還躺在床上接聽電話，後來她坐在床上。最後，她越來越忙，越來越興奮，竟然忘了自己的毛病，她開始下床坐到桌邊。因為幫助那些比她情況還慘的人，使她完全忘了她自己，她再也不用躺在床上了，除了每晚睡覺的八個小時。她發現如果不是日本空襲珍珠港，她可能下半輩子都是個廢人。那時她躺在床上很舒服。她總是在消極地等待，後來她才知道潛意識裏她已失去了復原的意志。

偷襲珍珠港是美國史上的一大慘劇，但對她個人而言，卻是最重要的一件事。這個危機讓她找到她從來不知道自己擁有的力量。它迫使她把注意力從自己身上轉移到別人身上。它也給了她一個活下去的重要理由，她再也沒有時間去想自己或理會自己的病情了。

卡內基認為，心理醫師的病人如果都能像耶茨太太所做的那樣去幫助別人，起碼有三分之一可以痊癒。這是卡內基個人的想法嗎？不，這是著名心理學家榮格說的，他說：我的病人中有三分之一都不能在醫學上找到任何病因，他們只是找不到生命的意義，而且自憐。

你現在可能會說：「如果我碰到珍珠港事件，我也會很高興做耶茨太太所做的事，可是我的狀況跟人家不同，我的日子再平凡不過了。我一天得做八小時無聊的工作，從來沒有任何有趣的事發生在我身上。我怎麼會有興趣去幫助別人呢？」

其實不管你的人生多麼單調，你每天總不免要碰到一些人，你對他們如何？你只是視而不見，還是想多認識他一點？例如郵差——他一天要跑幾百里路，為人們送信，你可曾費心瞭解他住哪兒？看看他妻女的照片？你關心過他是否疲倦或覺得無聊嗎？

雜貨店小弟、送報生、擦鞋童呢？他們也都是人啊！他們也有煩惱、夢想、個人的野心啊！他們也想與別人分享，你可曾對他們表示過熱切真誠的興趣？卡內基認爲，你用不著變成南丁格爾或社會改革者，才能幫助這個世界——你個人的世界，你大可以從明早遇到的第一個人開始改變。

這樣做對你有什麼好處？那當然是帶來更大的快樂、更大的滿足，更以自己爲榮。波斯宗教家左羅斯特說：「對別人好不是一種責任，它是一種享受，因爲它能增進你的健康與快樂。」富蘭克林說得更簡單：「你對別人好的時候，也就是對自己最好的時候。」

多想想別人可使自己免於煩惱，得到更多樂趣。卡內基曾請教耶魯大學的威廉．費爾普斯教授，以下是他的回答：

我到旅館、理髮店或商店時，一定會跟我遇到的人談談話。我要讓他們覺得他們是一個人——而不是一部機器上的螺絲。我常跟行李搬運工握手。工作了一整天，這會令他精神振作。一個酷熱的夏天，我到火車餐車上去吃午餐。餐車擠得水泄不通、悶熱無比，而服務又很慢。服務生終於過來把菜單給我，我說：「在廚房做菜的那些人今天可慘了。」服務生開始咒罵，我以為他生氣了，他說：「老天啊！客人都在抱怨食物不好，他們埋怨服務太慢，又嫌這裏太熱、東西太貴。我聽這些抱怨聽了十九年，你是第一位，也是唯一一位對廚師表示過同情的客人。我祈禱有更多像你這樣的客人。」

服務生只因為我把廚師當人看待就如此驚異，人所企求的，只不過是希望自己被當作人對待。

一個常跟搬運工握手，又能對廚子表示同情的人，你能想像他們會終日愁眉不展，需要心理醫師嗎？你一定想像不出吧！有一句中國諺語說：「送花者手染餘香。」

◆你不妨多想想別人，當你每天都想著他人的時候。自己的憂慮、恐懼和抑鬱也就失去生存的空間，人生將被歡樂佔據。

2 從點滴做起，切實幫助他人

戴爾．卡內基智慧金言

．歡樂是可以創造的
．幫助別人能給自己帶來快樂
．減輕不幸所造成的影響最保險的方法之一，是在幫助別人當中昇華自己

卡內基認識威斯康辛州的一個女人。對社區居民來說，她是一個激勵人心的人物，因為她超越了個人的悲傷，帶給那些有同樣煩惱的人以安慰。她廿五歲的兒子，在第二次世界大戰時陣亡了。她儘管非常哀痛，卻不要別人憐憫。正如她所說的：「我瞭解那些從不知什麼叫真正幸福的母親，有些人的子女得了痙攣性麻痺，有些人的子女精神或身體殘缺無法為國盡忠，另外還有許多女人渴望養

育子女卻無法生育。我有過一個好兒子跟我度過了快樂的二十三年，我的餘生中擁有了二十三年的美好回憶。所以我必須順從上帝的意願，盡我所能幫助那些有兒子在服軍役的母親。」

她做到了，毫不厭煩地帶給有兒子在軍中服役的人和服役的人安慰。她精通成熟的重要方法，學會將心思和精力投入到幫助他人之中，讓自己沒有剩餘的精力再去苦思自己的煩惱與不幸。

這位女人以一種超人的毅力，忍住自己的悲傷，去幫助有同樣煩惱的人。她的行爲是偉大的，她也爲自己帶來了歡愉。

約翰．D．洛克菲勒在幫助他人的道路上，走過了一段崎嶇的路，他的所作所爲值得人們研究學習。

洛克菲勒的身體本來十分強健。由於他從小在農場長大，這使得他的肩膀又寬又壯，腰杆筆直，並且步伐穩健而有力。可是在五十三歲的時候——這正是大多數男人的壯年時期——洛克菲勒的雙肩卻已經下垂，走起路來搖搖晃晃的。

據另一位爲他寫傳記的作家佛林說：「當他照鏡子時，看見的卻是個老頭。當時他每週的收入是一百萬美元，而他每週所吃的食物只需二美元就可解決了。因爲醫生只允許他吃一些酸牛奶和餅乾。他的皮膚早已失去光澤，看起來像是老羊皮包在他的骨頭上，而金錢這時候也沒有用了，只能爲他付醫療費用，使他不至於在五十三歲的時候就死去。」

這是怎麼一回事呢？煩惱、驚嚇、高度緊張的生活！正是他自己把自己「推」到了墳墓的邊緣。

洛克菲勒早在二十三歲的時候，就全身心地追求他的目標。據他的朋友說：「除生意上的好消息以外，沒有任何事情能令他寬懷大笑。當他做成了一筆生意，賺到了一大筆錢時，他會高興得把帽子摔到地上，開心地跳起舞來。但如果失敗了，那他也會隨之病倒。」

有一次，洛克菲勒在五大湖上托運一批價值四萬美元的穀物，但他為了節省保險費用，沒有投保水上險。因為保險費太高了——要一百五十美元。那天晚上，暴風雨襲擊伊利湖，這使洛克菲勒十分擔心，怕他的貨物遭遇不測。在第二天早上，當他的合夥者喬治·加勒來到辦公室時，發現洛克菲勒已在那裏，正繞著房間焦急萬分地來回走動。

「快，」他發抖地說，「看看現在是否還能投保險，如果不能的話，就來不及了！」

加勒立即衝到城裏，買好了保險，可是當他回到辦公室時，卻發現洛克菲勒的情況更嚴重了。這時，恰好來了一封電報：貨物已經卸下，未受到暴風雨襲擊。但洛克菲勒這時反而比以前更沮喪了，因為他已經浪費了一百五十美元！事實上，他太傷心了，只好回家去躺下來休息。

想想看，那時他的公司每年做著五十多萬美元的生意，而他卻爲一百五十美元的保險費而如此失魂落魄，甚至因此而病倒在床上。

接下來，正當他的事業達到頂峰，他的財富像維蘇埃火山的金黃色岩漿那樣源源不斷地流入他的保險庫時，他的私人世界卻在頃刻之間崩潰了。許多書刊和文章都公開譴責「標準石油公司」不擇手段攫取財富的財閥行爲——因爲它和鐵路公司之間的秘密回扣，無情地壓擊垮了所有競爭者。

在賓夕法尼亞，當地居民最痛恨的就是洛克菲勒。被他擊敗的競爭對手甚至把他的人像掛在樹上解恨——他們當中有許多人都恨不得親手將繩子套在他那萎縮的脖子上，並將他吊死在樹上。充滿火藥氣味的信件也如雪花般地飛進他的辦公室，威脅說要取走他的性命。因此他雇用了許多保鏢，以防止遭對手殺害。他試圖忽視這些仇恨之火。有一次，他曾以諷刺的口吻說：「你們儘管踢我，罵我，但我還是按我自己的方式行事。」

但他最後還是發現，自己畢竟也是一個普通人，無法忍受人們對他的仇恨和敵視，也受不了憂慮的侵擾。他的身體開始不行了。這個新的敵人——疾痛——從內部向他發起進攻，令他措手不及，惶恐不安。

醫生將驚人的實情坦白地告訴他，說他只有兩種選擇：他的財富和煩惱——或是性命。他們警告他：他必須在退休和死亡之間做出抉擇。

最終，他選擇了退休。在退休之前，煩惱、貪婪、恐懼已經徹底破壞了他的健康。美國最著名的傳記女作家伊達·塔貝看見他的時候，幾乎嚇壞了。她寫道：「他的臉上顯示的是可怕的蒼老，我從未見過他那樣蒼老的人。」

醫生們開始挽救洛克菲勒的性命，他們為他制定了三條規則——這成為他後來奉行不渝的三條規則。這就是：

第一，避免煩惱。在任何情況下，都不為任何事而煩惱。

第二，放鬆心情，多做適當的戶外運動。

第三，注意節食，隨時保持半饑餓的狀態。

從此以後，洛克菲勒嚴格遵守這三條規則，因此挽救了自己的性命。他從自己的事業上退了下來，學打高爾夫球，修整庭院，和鄰居們在一起聊天。他還出去打牌、唱歌。但他同時也做一些其他的事。溫克勒說：「在那段痛苦的日子和失眠的夜晚，洛克菲勒終於有時間進行自我反省。」他開始為別人著想，曾經一度停止去想還能賺多少錢，並開始思考如何用這些錢換取人類的幸福。

簡而言之，洛克菲勒現在開始考慮如何把數百萬的財富捐贈出去。

當洛克菲勒獲知密歇根湖岸的一家學院因為抵押權而被迫關閉時，他立刻做出了援助行動，捐出好幾百萬美元給這家學院，將它建設成目前舉世聞名的芝加哥大學。

他還盡力幫助那些黑人。例如塔斯基吉黑人大學需要一筆基金來實現黑人教育家華盛頓．卡文的志願，洛克菲勒二話不說，就捐出鉅款。他還出資協助消滅十二指腸蟲。當著名的十二指腸蟲專家史泰爾博士說：「只要價值五十美元的藥品，就可以為一個人治好這種病。可是又有誰會捐出這些錢呢？」洛克菲勒立即捐了出來。

洛克菲勒自己又怎麼樣了？他把錢捐出去之後，是否已獲得了心靈上的平安？不錯。洛克菲勒十分快樂。他已經完全改變了，不再煩惱傷心。事實上，在他被迫接受生命中最大的一次失敗時，他甚至不願因此而失去一個晚上的安穩睡眠。

那次失敗是這樣的：由他一手創建的「標準石油公司」這個龐大組織，被政府勒令付出「歷史上最重的罰款」。根據美國政府的說法，「標準石油公司」是一個壟斷性企業，直接違反了「反托拉斯法案」。結果這場官司打了五年。全美國最優秀的法律人才全都投入到了這場在他們看來似乎永無終止的官司，但

「標準石油公司」最後還是敗訴。

在南迪斯法官宣佈了他的判決之後，辯方律師擔心洛克菲勒無法接受這個壞消息。但他們卻不知道他已經完全改變了。

那天晚上，律師團中有一位律師打電話給洛克菲勒。他儘量委婉地把法官的判決告訴他，然後這位律師很關切地問：「洛克菲勒先生，我希望這項判決不至於讓你煩惱，希望你今晚能好好睡上一覺。」

你猜洛克菲勒怎麼說的？哦，他毫不遲疑地回答：「不要擔心，強生先生。我本來就想好好睡它一覺。希望你也不要因為這件事而不安。晚安！」

這些話竟出自一個曾因損失了一百五十美元而傷心地躺倒在床上的人之口？不錯。約翰．D．洛克菲勒花了很長一段時間，才克服了他的煩惱。他曾「死於」五十三歲，但他後來一直活到九十八歲。

◆每個人都不是一座孤立的小島。在適當的時候向他人伸出援助之手是理所當然的。只要切實地幫助他人，就能盡享人生的快樂。

3 滿足他人的成就感

戴爾・卡內基智慧金言

- 人人都有成就感
- 你希望別人怎麼待你，你先怎麼對待別人
- 激發他人的成就感，可以共赴快樂

在南非，約翰尼斯堡一家工廠的經理依安・麥克當喆有個機會接張大訂單。但他預計他沒有辦法趕上出貨期。工作已在工廠排定，而這張訂單他需要的完成時間，短得使他不太可能去接這張訂單。怎麼辦？

他並沒有加速工作來趕這張訂單，他只召集了大家，對他們解釋這個情況，並對他們說，假如能準時趕出這張訂單，他們可真是太偉大了。

「我們有什麼辦法來完成這張訂單？」「有沒有人有別的辦法來處理它，使我們能接這張訂單？」

雇員們提供了許多意見，並堅持要他接下這張訂單。他們用一種「我們可以辦到」的態度來得到這張訂單，並如期出貨。

麥克當詰真是個聰明的人，他用激發雇工成就感的方法，使雇工表現出自己的能力。這樣，雇員心中充滿了快樂，他身上的壓力也消弭於無形。

人類行爲有一條重要的法則，如果你遵循它，就會爲自己帶來快樂；如果你違反了它，就會陷入無盡的挫折中。這條法則就是：「尊重他人，滿足對方的自我成就感。」就如杜威教授曾說的：人們最急切的願望，就是希望自己能受到重視。而卡內基也曾一再強調，就是這股力量促使人類創造了文明。

哲學家們經過千年的沉思，悟出人類行爲的奧妙，其實這不是一項多新的發明，中國古代先哲就強調：己所不欲，勿施於人。己所欲者，亦施於人。

你希望周圍的人喜歡你，你希望自己的觀點被人接受，你期望聽到真心的讚美，你希望別人重視你……那麼讓我們自己先來遵守這條誡令：你希望別人怎麼待你，你先怎麼對待別人。

不要想等你當了大官，幹了大事業後才開始履行這條法則，隨時隨地只要你遵循它，就會爲你帶來神奇的效果。

實際上，每個人都有他的優點，都有值得爲他人學習的長處，承認對方的重要性，並表達由衷的讚美，就能夠化解許多衝突與緊張。

如果你想每天得到快樂，決不能責怪你太太的治家本能，也不能拿她和你母親做不利的比較。相反的，你要時常讚美她把家庭治理得井井有條，並且要公開表示你很幸運娶了一個既有內在美又有外在美的女人。甚至當牛排像羊皮、麵包像黑炭時，你也不要埋怨。只說這些東西做得沒有她平常的那麼好，她就會在廚房裏拚命努力，以達到你所期望的程度。

但是，不要突然開始這麼做——否則她會懷疑的。

你可以從今天晚上或者明天晚上開始，買一束鮮花或一盒糖，多說一些關心的話，多對她溫柔地微笑……如果每對夫妻都能這麼做的話，世間還會有這麼多的婚姻悲劇發生嗎？

◆每個人都有自己的成就感和自尊心。只要你將他人的成就感和自尊心激發出來，就能共赴歡樂。

4 不期待他人感激自己

戴爾・卡內基智慧金言

- 如果我們一直期望別人感恩，多半是自尋煩惱
- 要追求真正的快樂，就必須拋棄擔憂別人會不會感激的念頭，只享受付出的快樂
- 與其擔心他人不知感激，不如不予預期

卡內基曾經碰到一個怒氣沖沖的人，有人告誡卡內基碰到他十五分鐘內他就一定會談起那件事。果然如此。

令他氣憤的事發生在十一個月前，可是他還是一提起就生氣。他簡直不能談別的事。他爲三十四位員工發了一萬元耶誕節獎金——每人差不多三百元——結果沒有一個人感謝他。他抱怨說：「我很後悔，我居然發給他們獎金。」

「一個憤怒的人，」哲人說，「渾身都是毒。」卡內基衷心同情面前這位渾身是毒的人。他有六十歲了。人壽保險公司統計我們還能活著的年數平均是目前年齡與八十歲之間差數的三分之二。這位老兄——如果他夠幸運——可能還可活十四五年。結果他浪費了有限的餘生中的將近一整年，爲以前的事憤恨不平。卡內基實在同情他。

除了憤恨與自憐，他大可自問爲什麼人家不感激他。有沒有可能是因爲待遇太低、工時太長，或是員工認爲聖誕獎金是他們應得的一部分。也許他自己是個挑剔又不知感激的人，導致別人不敢也不想去感激他。或許大家覺得反正大部分利潤都要繳稅，不如當成獎金。

不過反過來說，也可能員工真的是自私、卑鄙、沒有禮貌。也許是這樣，也許是那樣。他也並不比你更瞭解整個狀況。他倒是知道英國詹森博士曾說：「感恩是極有教養的產物，你不可能從普通人身上得到。」

卡內基指出，他指望別人感激乃是一項一般性的錯誤，他確實不瞭解人性。

如果你救了一個人的生命，你會期望他感激嗎？你也許會——可是撒母耳・萊維茨在他當法官前曾是位有名的刑事律師，曾使七八個罪犯免上電椅。你猜猜看其中有多少人曾當面致謝，或至少寄個聖誕卡來？我想你猜對了——一個也沒有。

耶穌基督在一個下午使十個癱子起立行走——但是有幾個人回來感謝他呢？只有 位。耶穌基督環顧門徒問道：「其他九位呢？」他們全跑了，謝也不謝就跑得無影無蹤！像你我這樣普通的人給了人一點小恩惠，憑什麼就期望得到比耶穌還多的感恩？

我們應該像一位最有智慧的羅馬帝王馬庫斯・阿列留斯一樣。阿列留斯有一天在日記中說道：

「我今天會碰到多言的人、自私的人、以自我爲中心的人、忘恩負義的人。我也不必吃驚或困擾，因爲我還想像不出一個沒有這些人存在的世界。」

他說的不是很有道理嗎？我們每天抱怨別人不會感恩圖報，到底該怪誰？不要再指望別人感恩了。要是我們偶爾得到別人的感激，就會是一件驚喜。如果沒有，也不至於難過。

要忘記感謝，要是我們一直期望別人的感激。多半是自尋煩惱。

卡內基認得一位住在紐約的婦人。她一天到晚抱怨自己孤獨。沒有一個親戚願意接近她。你去看望她，她會用幾個鐘頭喋喋不休地告訴你，她侄兒小的時候，她是怎麼照顧他們的——他們得了麻疹、腮腺炎、百日咳，都是她照看的；他們和她住了許多年，直到她結婚前，他們都住在她家；她還資助一位侄子讀完商業學校。

這些侄子回來看望她嗎？有的！有時候！完全是出於義務性的。他們都怕回去看她，因為想到要坐幾個小時聽那些老調，無休無止地抱怨與自憐永遠在等著他們。當這位婦人發現威逼利誘也沒法讓她的侄子們回來看她後，她只剩下最後一個絕招——心臟病發作。

這位婦人需要的是關愛與注意，但是卡內基認爲她要的是「感恩」，可惜她可能永遠也得不到感激或敬愛，因爲她認爲這是應得的，她要求別人給她這些。有多少人都像她這樣，因爲別人都忘恩負義，因爲孤獨，因爲被人疏忽而生病。他們期望被愛，但是在這世上真正能得到愛的唯一方式，就是不索求，相應的，還要不求回報的付出。

這聽起來好像太不實際、太理想化了？其實不然！這是追求幸福最好的一種方法。

卡內基的父母樂於助人，他們很窮——總是窘於欠債，可是雖然窮成那樣，他父母每年總是能擠出一點錢寄到孤兒院去。他們從來沒有去拜訪過那家孤兒院，大概除了收到回信外，也從來沒有人感謝過他們，不過他們也有收獲，因為他們享受了幫助這些無助小孩的喜樂，並且他們不期望任何回報。

卡內基離家外出工作後，每年耶誕節，總會寄張支票給父母，讓他們買點自己喜歡的物品。可是他們總不買。當他回家過聖誕時，父親會告訴他，他們買了煤、日用品送給城裏一個有很多小孩的貧苦婦人。施與卻不求回報的快樂是他們所能得到的最大的快樂。

卡內基堅信他父親已符合亞里斯多德所說的得享快樂的理想人。亞里斯多德說：「理想人會享受助人的快樂。」

要追求真正的快樂，就必須拋棄別人會不會感恩的念頭，只享受付出的快樂。

為人父母者總是怨恨子女不知感恩。

即使莎劇主人翁李爾王也不禁叫道：「不知感恩的子女比毒蛇的利齒更痛噬人心。」

但是如果我們不教育他們，為人子女者如何會知道感恩呢？忘恩像隨地生長的雜草，感恩卻有如玫瑰，需要細心栽培及愛心的滋潤。

我們一定要記住，孩子是我們造就的。

要想有感恩的子女，只有自己先成為感恩的人。我們的所言所行都非常重要。在孩子面前，一定不要詆毀別人的善意。也千萬別說：「看看表妹送的聖誕禮物，都是她自己做的，連一毛錢也捨不得花！」這種反應對我們也許是件小事，但是孩子們卻聽進去了。因此，我們最好這麼說：「表妹準備這份聖誕禮物，一定花了她不少時間！她真好！我們得寫信謝謝她。」這樣，我們的子女在無形中也學會養成讚賞感激的習慣了。

◆當受到他人恩惠的時候，心存感激是自然的事。但如果你施惠於他人，千萬別預期得到他人的感激，否則，快樂就會離你而去。

下篇

洞悉積極人生的生存法則

——如何為自己的人生添彩

思想有多遠，我們就能走多遠。人是不能沒有夢想的，夢想就像道彩虹，它架起我們通向成功彼岸的金橋。

積極地去生活，面對挑戰，找回自信，將夢想化為行動，激發自己的生命潛能，這樣，你就能在成功的道路上邁出最為堅實的一步。

讓夢想督促自己，敢於面對人生路上的挫折，調整好心態，任何時候都不要向困難屈服。在艱難處挺住，我們就能一步步走地出困境，迎接人生明朗的明天。

偉大的人生一定源於苦難。要有勇氣向苦難挑戰，行動是克服前進路上一切障礙的最佳辦法。人生就像一根彈簧，你給它多大的壓力，它便給你多大的反彈力。

第一章
擁有夢想：開啟積極的人生

1 夢想是現實之母

戴爾・卡內基智慧金言

- 夢想者是人類的先鋒，是我們前進的引路人
- 人只有具有幻夢，才可能有遠大的希望，才會激發潛在的智慧，才能增強前行的努力

你是一個夢想者嗎？

使人類的生活更有意義，把很多人從困境中解脫出來的，都應歸功於一些夢想者。——我們都得感謝人類的夢想者啊！

在人類歷史中，假如把夢想者的事蹟刪去，誰還會去讀那些枯燥無味的文字呢？夢想者是人類的先鋒，是我們前進的引路人。他們畢生勞碌，不辭艱辛，彎著腰，流著汗，替人類開闢出平坦的大道來。如今的一切，不過是過去各個時代夢想的總和，不過是過去各個時代夢想的現實化。

假如沒有夢想者到美洲西部去開闢領地，那麼美國人至今還徘徊在大西洋的沿岸。對於世界最有貢獻、最有價值的人，必定是那些目光遠大，具有先見之明的夢想者。他們能運用智力和知識，來爲人類造福，把那些目光短淺、深受束縛和陷於迷信的人拯救出來。有先見之明的夢想者，還能把常人看來做不到的事情逐個變爲現實。有人說，想像力這東西，對於藝術家、音樂家和詩人大有用處，但在實際生活中，它的位置並沒有那樣的顯赫。但事實告訴我們：凡是人類各界的領袖都做過夢想者。無論工業界的巨頭、商界的領袖，還是科學鉅子，都是具有偉大的夢想、並持以堅定的信心、付以努力奮鬥的人。

馬可尼發明無線電，是驚人夢想的實現。這個驚人夢想的實現，使得航行在驚濤駭浪中的船隻只要遭受到災禍，便可利用無線電，發出求救信號，因此拯救了千萬生靈。

電報在沒有被發明之前，也被認爲是人類的夢想，但莫爾斯竟使這夢想得以實現了。電報一經發明，世界各地消息的傳遞，變得是多麼的便利。

斯蒂芬孫以前是一個貧窮的礦工，但他製造火車機車的夢想也成爲了現實，使人類的交通工具大爲改觀，人類的運輸能力也得以空前地提高。

勇敢的羅傑斯先生駕著飛機，實現了飛越歐洲大陸的夢想。

橫跨大西洋的無線電報是費爾特夢想的實現，這使得美歐大陸能夠密切聯絡。

凡此種種，無不彰顯夢想的偉大力量。

人類所具有的力量中，最神奇的莫過於有夢想的能力。假如我們相信明天更美好，就不必計較今天所受的痛苦。有偉大夢想的人，就是阻以銅牆鐵壁，也不能擋住他前進的腳步。

一個人假如有能力從煩惱、痛苦、困難的處境，轉移到愉快、舒適、甜蜜的境地，那麼這種能力，就是真正的無價之寶。如果我們在生命中失去了夢想的能力，那麼誰還能以堅定的信念、充分的希望、十足的勇敢去繼續奮鬥嗎？

人只有具有了某種幻夢，才可能有遠大的希望，才會激發內在的智慧，增強前行的努力，以求得光明的前途。

像別的能力一樣，夢想的能力也可以被濫用或誤用。假如一個人整天除了夢想以外不做別的事情，把全部的生命力花費在建造那無法實現的空中樓閣上，那就會禍害無窮。那些夢想不僅勞人心思，而且耗費了那些不切實際夢想者固有的天賦與才能。

在所有的夢想中，造福人類的夢想最有價值。約翰．哈佛用幾百元錢創辦了哈佛學院，後來成為世界聞名的哈佛大學，這是一個最好的例子。

人不光要有夢想，還要信仰夢想，更要激勵自己去實現夢想。人人具有向上的志向，志向就會像一枚指南針，引導人們走上光明之路。良好的幻夢，就是未來人生道路美滿成功的預示。夢想就是現實之母。

◆每個人都應該有自己的夢想。沒有夢想的人只能在黑暗中前行，最終湮滅其中，不會留下任何痕跡。

2 用夢想激發潛能

戴爾・卡內基智慧金言

- 我們大多數人的體內都潛伏著巨大的才能，但這種潛能酣睡著，一旦被激發，便能做出驚人的事業來
- 在人的身體和心靈裏面，有一種永不墜落、永不腐敗、永不消失的東西，這便是潛伏著的巨大的力量

約翰・費爾德看到自己的兒子馬歇爾在大衛斯的店裏招待顧客，就問大衛斯：「大衛斯，近來馬歇爾生意學得怎麼樣？」

大衛斯一邊從桶裏揀出一個蘋果遞給約翰・費爾德，一邊答道：「約翰，我們是多年的老朋友，不想讓你日後懊悔，而我又是一個直爽的人，喜歡講老實話。馬歇爾肯定是個穩健的好孩子，這不用說，一看就知道。但是，即使在我的店裏學上一百年，他也不會成為一個出色的商人。他生來就不是一個做商人的料。約翰，還是把他領回鄉下去，教他學養牛吧！」

馬歇爾離開了大衛斯的小店，但隨後到了芝加哥，親眼看到了在他周圍許多原來很貧窮的孩子做出了驚人的事業，他的志氣突然被喚起，他的心中樹起一個要做大商人的決心。他問自己：「如果別人能做出驚人的事業來，為什麼我不能呢？」經過一番艱苦的努力，他終於如願以償。

如果馬歇爾仍然留在那個地方，在大衛斯的店裏做個夥計，抑或是真的回家養牛，那麼他日後決不會成爲舉世聞名的商人。

其實，馬歇爾之所以成功，是因爲他具有大商人的天賦，但大衛斯店鋪裏的環境不足以激發他潛伏著的才能，無法發揮他貯藏著的能量。

一般來說，一個人的才能來源於他的天賦，而天賦又不大容易改變。

但實際上，大多數人的志氣和才能都深藏潛伏著，需要外界的激發。志氣一旦被激發出來，如果又能加以繼續的關注和教育，就能夠發揚光大，否則終將萎縮而消失。

因此，如果人們的天賦與才能不被激發、不能保持、不能得以發揚光大，那麼。其固有的才能就要變得遲鈍並失去它的力量。

愛默生說：「我最需要的，就是有人叫我去做我力所能及的事情。」

去做「我」力所能及的事情，是表現「我」的才能的最好途徑。拿破崙、林肯未必能做的事情，但「我」卻能做，只要盡「我」最大的努力，發揮「我」具有的才能就行。

在美國西部某市的法院裏有一位退休法官，他中年時還是一個不識文墨的鐵匠。他現在六十歲了，卻成了全城最大的圖書館的主人。獲得了許多讀者的讚譽，被人認為是學識淵博、為民謀福利的人。這位法官唯一的希望，就是幫助同胞們接受教育，獲得知識。

可是他自身並沒有接受系統的教育，為何產生這樣的宏大抱負呢？原來他不過是偶然聽了一篇關於「教育的價值」的演講。結果，這次演講喚醒了他潛藏著的才能，激發了他遠大的志向，從而使他做出了這番造福民眾的事業來。

在現實生活中，很多人直到老年時才表現出他們的才能。爲什麼到老年才會激發他們的才能呢？原因很多。他們有的是由於閱讀富有感染力的書籍而受到激發；有的是由於聆聽了富有說服力的演講而受感動；有的是由於朋友真摯的鼓勵。而對於激發一個人的潛能，作用最大的通常都是朋友的信任、鼓勵、讚揚。

在印第安人的學堂裏，曾經刊登過不少印第安青年的照片。他們在學校裏畢業時的神情與他們剛剛從家鄉出來時的神情大為不同。在畢業照片上，他們是一副氣宇軒昂的模樣——個個服裝整齊，雙目炯炯，臉上流露出智慧，他們才華橫溢。看到這些照片，你一定可以預見他們將來能做出偉大的事業來。但是大部分人回到他們自己的部落以後，過不了幾年，就不能保持他們的「新形象」了？他們漸漸的又恢復到舊目的面目。當然也不是絕對的，但也只有極少數人由於具有堅強的意志，抵抗住了自己的「墮落」，做出了一番大成就。

倘若你和一般失敗者面談，你就會發現：他們失敗的原因，是因爲他們無法處於良好的環境中，是因爲他們從來不曾進入足以激發他們、鼓勵他們的環境中，是因爲他們的潛能從來不曾被激發，是因爲他們沒有力量從不良的環境中振奮起來。

在人的一生中，無論在何種情形下，你都要不惜一切代價，進入一種可能激發你潛能的氣氛中，進入可能激發你走上發達之路的環境裏。

努力接近那些瞭解你、信任你、鼓勵你的人，這對於你日後的成功具有莫大的影響。你更要接近那些努力有所作爲的人，接近那些堅持奮鬥的人，他們往往志趣高雅、有遠大抱負。在不知不覺中，你便會受到他們的感染，迸發奮發有爲的精神。如果你做得不十分完美，那些在你周圍「向上爬」的人，就會鼓勵你作更大的努力，作更艱苦的奮鬥。

在每個人的身體裏，都潛伏著巨大的能量。這些能量，只要你能夠發現並加以利用，便可以幫你成就你所嚮往的一切東西。

人們體內的億萬細胞中，有著巨大的潛在力量。這種潛力如果能夠被喚醒，你就能做出許多神奇的事情來。然而大部分人好像都不明白這一點。病人在呼吸困難、生命垂危時，在聽了醫師或親友的一席熱烈懇切的激勵的話語後，竟然能起死回生。這種情況經常發生。對一般人來說，疾病之所以置人於死地，是因爲病人在內心裏首先失掉了對生命的信心。

世界上有無數碌碌無爲的人，但這些人的體內同樣深藏著巨大的潛能，只要能夠激發他們體內的一小部分潛能，就可以成就他們偉大的、神奇的事業。

在人們的身心裏面，其實蘊藏著極大的內在力量。比如，有人遇到某種意外事件或災禍時，一般人都會奮不顧身地去救他。實際上，每個人都具有潛在的英雄品格，而意外事件和災禍不過是催化劑而已，使人有了顯露這種品格的機會。我們常常看到，一個人在災禍臨頭時能做出的事情令人驚歎。

因爲人體內都存在著巨大的內在力量，所以人人都能做成不朽的事業。而一切真誠、友愛、公道與正義，也都存在於這種內在的力量中。

但很多人並不知道深入自己的意識深處，去開發供給身體力量的源泉，因此，他們的生命往往是枯燥而毫無生氣的。如果我們能夠深入到自己內在力量的深處，那麼就可以尋找到生命的大源泉。一旦飲得生命的「活水」，就不再會感到口渴，這種源泉就可取之不盡，用之不竭。

◆人體內的潛能是巨大的，每個人都應當深入自己的靈魂深處，去開掘自身的潛能，展示自己的力量。

3 把信念化為行動

戴爾·卡內基智慧金言

- 只有信仰還不能讓我們變得成熟。更重要的是付諸行動。不然，任何原則都是沒有用處的
- 我們必須把信念化為行動，並且不顧一切地堅持到底

如果有人問你，是否相信美國是個充滿機會的國度——也就是說，只要能力與精力許可，人人都能達到自己所追求的目標，你極有可能回答：「是。」一聲清響的「是」，並且還會有別人在旁邊搖旗吶喊，表示贊同。但是，你相信的程度如何呢？如果你此時正失業在家，完全沒有收入，新的工作又全然無望，你仍會相信這種說法嗎？你不但相信，而且會採取行動以證明此話的真實性嗎？

有個人就會這樣相信，他叫雷納·川伽。

川伽在密蘇里州獨立市的雷德街。一九二八年，川伽先生才繼承了一筆價值十萬美元的產業。可是才十年的時間，即一九三八年，他卻宣告破產。川伽先生這樣寫道：

「我的父親不但事業成功，而且為人慷慨。在我高中時，只要我需錢花用，他都允許我隨時用銀行的帳號開支票。到了我上大學時，我更是精於此道了。我完全不知錢的價值，更不知道要用什麼方法去賺取。我只知道如何用父親的帳號去簽寫支票。

「一直繼續到父親過世，我這樣的生活方式才算結束。父親去世的時候，留給我一塊十分值錢的土地，位置就在密蘇里河下游靠近萊新頓一帶。我開始以農夫自居，但不多久，大蕭條橫掃全國各地，我第一年的財務便呈現嚴重赤字。我抵押了一片土地去償還債務和填補銀行存款，但不景氣繼續發展下去，使我不得不把那片抵押的土地以極低的價格賣出。由於我仍然需要錢花，所以又同樣地陸續把田地抵押、販賣了。

「到最後，算總賬的日子來了，而我已一無所有了。假如我要繼續活下去，得出去找一份工作——那是我以前從未做過的事。我苦不堪言，夜晚都不能入睡。我唯一的技能是開支票，但這方法已行不通了。我完全不知所措。

「一個晚上，我從噩夢中醒來，終於知道自己必須面對現實。我對自己說，滑雪橇的童年日子已過，現在你已長大成人，當然行事也要像個大人。起來吧，起來工作！必須起來工作！

「除了面對自己的困境之外，我也開始找出自己究竟信仰什麼。以前，我一直人云亦云地認為美國是個充滿機會的國度，只要努力，便能達到追求的目標。如今，雖然正值蕭條時刻，工作機會不多，但我個人仍有一些長處。

「我的身體很健康，有一份大學文憑和一些商業知識——又有從失敗和錯誤中得到的經驗和體會。現在，我需要的是採取行動，而不是浪費時間去感歎自己的不幸遭遇。

「我很瞭解自己。對我來說，找份工作並不容易。但是，我不能讓自己頹廢下去，我必須強迫自己用信心來取代恐懼和疑惑。我要相信這個國家是個充滿機會的地方，只要有決心，人人都可爭得一席之地。就是這份信念，使我能夠不輕言放棄。

「這份信念終於得到證實。我在堪薩斯市的一家財務公司找到工作，並在那裏愉快地工作了四年。後來，我辭去職務，再度回到農地上。這一次，事情進行得順利多了。我慢慢建立起自己的信用，並逐漸擴大事業的範圍。我買進賣出，獲得了一些利潤。感謝多年來失敗給我的教訓，這一次，我是走上成功的路了。

「我失去的產業，被我再度賺回來了。我的努力沒有白費，但重要的是，我把這些寶貴經驗都傳給了兩個兒子。這比單獨給他們財富有意義多了。

川伽先生從一個被嬌寵、不知責任爲何物的男孩到最終成熟，他的經歷值得我們思考：一個人不但要有所信仰，並且要採取行動來印證這個信仰。

僅有信仰並不能讓我們變得成熟。信仰的好處是能增加勇氣，使我們在接受考驗的時候，不致臨陣退卻。除非我們以信仰做基礎，然後付諸行動，不然，任何道理和原則都是沒有用處的。

一旦我們有了堅強的信念，就要付諸行動。

夏威夷有一名建築承造商，堅信人不可輕言放棄。他不但如此堅信，並且時時在行動中表現出來，因此事業做得十分成功。他叫保羅．瑪哈。

一九三一年，瑪哈先生在建築和工業界四處打聽，想找一份工作。他既年輕又沒有經驗，因此處處碰壁，工作完全沒有著落。由於當時不景氣，沒有公司需要增聘工程或製圖人員，就是經驗豐富的老手也往往遭到解聘。

瑪哈先生坦承道：「我實在感到氣餒。但後來我決定，假如沒有人願意雇我，我就自己來做。我從親友那裏借了五百塊錢，然後成立了一家小小的建築承造公司。

「想要蓋房子的人，誰會願意找一名沒有經驗又沒有名氣的人來做呢？但無論如何，我鼓起勇氣，下定決心要幹到底。就憑這麼一種信念和堅持，我終於找到幾份小生意做了。

「我的第一筆生意是承造一棟兩千五百元的房子。由於缺乏經驗，估價不準，結果賠損了兩百元。但是，有了這次失敗的經驗，接下去的幾樁生意便彌補過來了。由於我堅信人不可輕言放棄，終於度過了一生中最大的難關，並且一路順利地走了下去。」

人不是因為沒有信心而跌倒。而是我們不能把信念化成行動。並且不顧一切地堅持到底。

◆做人應當有信念，但僅有信念還不行，還必須堅持到底。每個人都應滿懷信念，堅定不移地向前邁進。

4 讓夢想督促自己

戴爾・卡內基智慧金言

・生命是一場永無止境的探險，只要不斷學習，就能不斷進步。只要我們對身旁的事物永遠保持興趣，讓夢想永在，不斷用新思想充實自己，我們便會永遠充滿活力

一九五六年二月，《紐約時報》發表了一篇對撒克・普雷斯勒的專訪稿。

普雷斯勒先生是家百貨公司的推銷員，白天上班，夜間則在一所高中上課。經過四年的努力，他終於取得了一張高中畢業證書。接著，他立即又報名註冊布魯克林大學的夜間部，繼續攻讀大學課程。在他第一學年的英文課裏，老師要他們寫一篇題名「快樂是什麼？」的作文。普雷斯勒先生如此寫道：

「對我來說，快樂便是取得一份高中文憑，然後到大學上課，並為以後的律師事業努力不懈。

「光是等待就讓我覺得十分快樂。完成大學課程需費時五年或更多的時間，然後，我還得花另一個五年，在法學院進修法律課程。」

這聽起來好像是個年輕小夥子的遠大計畫，是嗎?事實上，普雷斯勒先生在註冊上大學的前不久，便已度過了六十歲生日。他像許多具有成熟心靈的人一樣，明白「活到老，學到老」的道理，並深知不斷求進步能帶給心靈極大的喜樂。

普雷斯勒先生的經歷給了我們啓示：人生當有夢想，即使在求知路上，即使年齡已經很大，即使所學與自己目前的職業沒有什麼關係，但只要有夢想，就會由行動中得到快樂。

前哈佛大學校長勞倫斯．羅威爾曾撰文表示，任何大學或訓練系統所具的功能，只是幫助我們自我求進步而已。只有我們是自身最好的教師，而任何人都得自我教育。教育本身是一種心靈成長、擴充和進步的過程，均須透過心靈自身的自我開發。

如果我們瞭解這一點，教育和自我求進步便成爲一種令人震撼的經驗，並且可以在任何年齡、任何階段去追求。這種智慧的培養和發展，能使我們一生受用無窮，可說是我們最好的投資。

我們的心靈是人體組織最重要的一部分。假如我們能時時滋養、操練，它必能持續成長；假如我們忽視它，它自然也會逐漸衰退萎縮，直至失去作用。

心靈不僅需要受教育，還必須常常運用，必須時時對周遭環境的刺激有所反應。我們每個人都能訂閱書刊雜誌、參加訓練課程、買票欣賞歌劇或動人演說，但這些都沒有進一步的目的或要求，因此效果和參加某些集會的聊天一樣，只是穿上某些文化的外套而已，對我們的影響其實並不大，我們的心靈仍然不會因此而走向成熟。

只有一種方法能使我們的智力活躍起來，能使我們的心靈因此而逐漸成長，那就是要常常使用。

一天下午，有位婦女來見卡內基，以尋求一些建議。她說，她的丈夫是個成功的高級主管，興趣廣泛，文化水準極高。這位太太認為先生已對她失去興趣，而她自己也承認，自己是愈來愈難和丈夫並駕齊驅了。

她怨歎自己沒有機會上大學，尤其是孩子生下之後，自己更和知識絕了緣，也沒有機會去接觸一些音樂、藝術、文學等作品——而這些正是她丈夫最喜歡、也最常接觸的東西。

「假如因為我不能加入他們那一群有文化水準的朋友一起聊天，他便對我表示不屑一顧，這公平嗎？」她忿忿不平地問道。

卡內基問她平常如何打發時間。由於現在孩子都長大了，而且也結了婚，她應該沒什麼好操心的。她說他偶爾打打橋牌，每星期看兩次電影，有時也看點書，都是愛情小說之類。

顯而易見，這位婦女並沒有用心去培養、拓廣自己的興趣。她不是沒有自我求進步的機會，而是缺少精力和欲望。她大可把玩橋牌或看電影的時間，挪來做自我求進步的工作——假如她希望趕上丈夫的文化水準的話。

很多人正像這位婦女一樣，常常把自己局限在自己所建造出來的象牙塔裏，絲毫不能開拓更遼闊的視野。他們通常抱怨時不我予，或認爲自己已經「太老了」。他們認爲自己已快到人生的終點站了，而不瞭解生命其實是一場毫無止境的探險——只要不斷地學習，就能不斷地進步。

在以前，大學的數量不多，學費又昂貴，因此只有少數人可以進去；夜間部就更沒聽說過了。如今，情形已大不一樣，只要你願意，教育機會遍地皆是。老祖母時代的大學文憑，如今已不是什麼大不了或值得向人誇耀的事了。

卡內基認識一名住在德州某小鎮的婦人，是位律師夫人。她撫養五個孩子長大成人，讓他們受完大學教育和必要的技術訓練。因此五個孩子都在專業和事業上極有成就。等最年幼的一個孩子大學畢業並找到工作之後，這位時年已五十幾歲的太太兼祖母，自己也在德州大學註了冊，準備在往後的四年重溫學生生涯。最終她以優異的成績畢了業。

如今，這位老婦人年已七十幾歲，丈夫雖然已經過世。但她仍然聰明機智，在社區裏極為活躍，結交了許多朋友。人只要一接近她，便會為她的魅力所吸引，為她的精神所鼓舞。她的兒子、媳婦和孫子孫女都很喜歡她，爭相邀請她去小住，只是她有時沒有時間罷了。由於她肯耕耘自己的心靈，因而現在便有了豐富的收成。

◆夢想本身就是神奇的，只要你心懷夢想，讓夢想時時督促著自己，這種神奇就會化為生活中的奇妙，化為人生的快樂。

第二章

找到自信：積極地面對人生

1 思想具有神奇的魔力

戴爾．卡內基智慧金言

- 保持正確的思想，可以使任何工作變得更有趣
- 你置身何處，或者你做何事，都不能決定你是否快樂。只有思想能決定你快樂與否
- 你我最大的問題——事實上，可能是唯一的問題——就是如何選擇正確的態度。只要做得到，所有的問題必將迎刃而解

生活是由思想形成的。如果我們所想的都是快樂的東西，那我們就可以獲得快樂；如果我們所想的都是悲傷之事，那我們就會悲傷；如果我們所想的是一些恐怖的情況，那我們就會恐懼；如果我們所想的是不好的念頭，那我們恐怕就不得安寧了；如果我們所想的全都是失敗，那我們就會失敗；如果我們沉浸在自我哀憐之中，那別人都會有意躲開我們。「你並

不是，」諾曼．溫森．皮爾說，「你並不是你想像中的那種樣子，而你卻會是你所想的那種人。」

這麼說，是不是在暗示我們都應該用習慣性的樂觀態度去應對一切困難呢？當然不是。很不幸的是，生命不會像這樣簡單化，卡內基鼓勵大家要盡力採取積極正面的態度，而不要採取消極反面的態度。換一句話說，我們必須關注我們所面臨的問題，但是不能爲此而憂心忡忡。關注和憂慮之間的區別又何在呢？卡內基如是說：「每當我要通過交通擁擠的紐約市街區時，我對正在做的這件事就會很注意。可是我並不會憂慮。關注指的是要瞭解問題出在哪裏，然後鎮定自若地採取各種辦法解決它；而憂慮卻是盲目而瘋狂地轉圈子。」

一個人可以關注一些很嚴峻的問題，但他同時可以將花插在衣襟上昂首闊步。卡內基就曾與羅維爾．湯馬斯這樣合作過。

有一次，卡內基協助羅維爾．湯馬斯主演一部著名電影，這是有關艾倫貝和勞倫斯在第一次世界大戰中出征內容的。湯馬斯和幾個助手在幾個戰爭前線拍攝了戰爭的鏡頭，用影片精彩地記錄了勞倫斯和他統率的那支多姿多彩的阿拉伯軍隊，同時還記錄了艾倫貝征服聖地的經過。他那貫穿於整部電影中的著名演講，轟動了整個倫敦和全世界。他在倫敦獲得巨大成功之後，又成功地去了好幾個國家旅遊。然後，他花了兩年的時間，準備拍一部關於在印度和阿富汗生活的記錄片。

不幸的是，在經過一連串的令人難以置信的打擊之後，不可能的事情發生了——他發現自己已經破產了。當時我恰好和他在一起。我還記得我們那時候不得不去街頭的小飯店吃很便宜的東西。

下面正是這個故事的焦點：當羅維爾．湯馬斯面臨龐大的債務，並陷入極度失望的時候，他很關切，可是他並不憂慮。他知道，一旦他被楣運擊垮的話，他在別人眼裏就一錢不值了，尤其他的債權人更會這麼看他。所以，他每天早上出門辦事之前，都要給自己買一朵鮮花插在衣襟上，然後昂首走上牛津街頭。他的內心積極而勇敢，絕不讓挫折擊垮他。對他來說，挫折只不過是整個事情的一部分——是你要攀上高峰所必須接受的有益鍛煉。

湯馬斯以積極的心態，勇敢地應對嚴峻處境的挑戰，最終順利走出人生的低谷。他的這種精神值得每一個人學習發揚。

我們的精神狀態也會對我們的身體和力量產生令人難以相信的影響。英國著名的心理學家哈德菲曾在他那本只有五十四頁的小冊子《力量心理學》中解釋了這種情況。「我請來了三個人，」他寫道，「以測試心理受生理的影響。我們採用了握力計來測量。」

他要求他們在三種不同的情況下，竭盡全力抓緊握力計。

在一般的清醒狀態下，他們平均的握力是一〇一磅。

第二次實驗時，則將他們催眠，並告訴他們說他們非常虛弱。結果，他們的握力只有二十九磅——而這還不到他們正常力量的三分之一。

然後，哈德菲再讓這些人做第三次實驗：在催眠之後，他告訴他們，說他們非常健壯。結果，他們的握力平均達到了一四二磅。當他們在內心裏非常肯定地認定自己有這種力量之後，他們的力量幾乎增加了百分之五十。

這就是令人難以置信的心理力量。

爲了說明心理思想的魔力，卡內基還講過一個最離奇的故事，它發生在美國內戰期間。

現在的信徒們都知道基督教信仰療法的創始人瑪麗·貝克·艾迪。然而，她當初認為自己的生命中只有疾病、愁苦和不幸。因為她的第一任丈夫在他們婚後不久就死了，她的第二個丈夫又拋棄了她，和一個已婚的女人私奔，後來死在一家貧民收容所。她只有一個兒子，卻由於家裏窮，加上經常生病，不得不在他四歲那年把他送人。她不知道兒子在哪裏，在以後的三十一年當中，她都沒有再見到他。

因為她自己的身體狀況不好，使她對所謂的「信仰治療法」產生了極大的興趣。

在一個天氣很冷的日子裏，她一個人在城裏走著，突然滑倒在地，摔倒在結冰的路面上，而且昏死過去。她的脊椎受損，使她不停地抽搐，甚至連醫生也都認為她活不了多久了。醫生還說，即使出現奇蹟，她也絕不可能再行走了。

瑪麗・貝克・艾迪躺在一張看上去像是送終的床上，打開了一部書。後來她說她讀到這本書裏的一段話：「有人用擔架抬著一個癱瘓的人來到耶穌跟前，耶穌就對癱瘓的人說：『孩子，放心吧，你的罪被寬赦了。起來吧，拿上你的褥子回家去吧。』那人就站起來，回家去了。」

她說正是耶穌這幾句話使她產生了一種力量，一種信仰——一種能夠醫治她的創傷的力量，使她「立刻下了床，開始行走」。

「這種經驗，」艾迪夫人說，「就像激發牛頓靈感的那個蘋果一樣，使我發現自己逐漸好了起來，並且逐漸地也能使別人做到這一點。我可以很有信心地說，一切的根源就在於你內心的思想，而這一切的影響力都是心理現象。」

心理力量是巨大的，也是與生俱來的，忽視了它，人生將會黯淡無光。每一個有志於成功的人，都應該正視它，讓它在人生道路上放射光彩。

2 自信是開啟成功之門的鑰匙

戴爾・卡內基智慧金言

- 與勢力、資本以及親戚朋友的扶持相比，自信力更為重要，它對人的成功存在不可思議的力量
- 世上的任何豐功偉業無不是對抗「不可能」的結果
- 只要你不認為不可能，你就不會被打敗

普通的人都有一個通病，那就是假如他在某一方面缺少特殊的才能，他就不再想努力，以爲努力也是枉然。但是還有許多人，在最初的時候其實與常人無異，也沒有特殊的才能，但終於成功了。這是由於他們的自信力要高過一般人，並能以自信力作支柱去努力奮鬥，終獲成功。一個人不去實地試驗，就永遠不會知道自身的身體裏究竟有多少才能與力量。與勢

力、資本以及親戚朋友的扶持相比，自信力更爲重要，它對人的成功存在不可思議的力量。自信力能使人們克服困難、成就事業，完成發明。

每一個人都能實現自立自助的獨立生活，但是在實際生活中，只有少數人可以實現真正的自立自助生活。當然，依賴他人，追隨他人，讓人家去思想、去策劃、去工作，這自然要比我們自己去思想、去策劃、去工作要容易得多，也愜意得多。

因此，一個人一旦有了依賴的觀念，以爲什麼都有人供給，他就會喪失勤勉努力的精神。

有的人想要給予他們的子女以相當的憑藉，使其在世上不至於奮鬥得太艱苦，這種做法實際是在不知不覺中給孩子以禍患。給孩子所開闢的出路，也許就是給予他們的挫折。青年人應有自立自助的能力，可惜大多數青年人，都易養成依賴成性的習慣，如果有了拐杖他們就不想自己走路；如果有了依賴他們就不再想獨立了。可以充分發展我們的精力與體力的不是外援，而是自助；不是依賴，乃是自立。

安祖．卡內基出身於貧窮家庭，他從學徒開始幹起，最終成為「鋼鐵大王」。在談到自己的成功時，他說：

「我覺得一個人苦想真正成功，最好是讓他生長在貧賤的環境中。因為逆境可以塑造一個完美的人，可以使人相信，依靠自己的力量可以取得成功。今天的社會處處兇險，猶如巨浪滔天的汪洋，所以必須有堅強的決心，憑藉自己的力量，才能開拓美好的前程。創業時要是一無憑藉，才不會產生依賴的心理，因此，渴望成功的人，最重要的就是要有獨立心。而一般生長在豪門中的公子哥兒，由於過慣了揮霍享受的日子，很難再要求他們吃苦耐勞，所以他們往往就成為不幸的失敗者。」

安祖．卡內基的話可謂至理名言，他的話道出了自信對於一個人的重要，他的經歷也充分說明了這一點。

世界上只有擺脫了依賴，拋棄了拐杖，具有自信，可以自主的人，才能獲得成功。自立自助是進入成功之門的鑰匙，是獲得勝利的象徵。

在風平浪靜時，顯不出駕駛航船的船長是否訓練有素、是否富有經驗。可以看出船長真實本領的是在狂風暴雨、波濤洶湧、船將顛覆、人人驚恐的時刻。同樣，也是在失敗後的掙扎、奮鬥時，才能最顯出一個人的機智。

只有在困境中，一個人才能立定意志努力奮鬥，結果獲得極大的成就。

當人自立自助時，就開始走上成功的坦途。拋棄依賴之日，就是發展自己潛在力量之時。

試看世界上所有事業的失敗，大多數並不是因爲經濟上的損失，而是因爲缺乏自信。人生最大的損失，除了喪失人格之外，就屬失掉自信心了。當一個人缺乏自信心時，任何事情都不會成功，正如沒有脊椎骨的人是永遠站不起來的。

世上沒有什麼真正的困難障礙可以阻擋一個勇敢者、堅毅者的前進道路。班揚被投入了監獄後，依然寫出著名的《聖遊記》；密爾頓被挖掉眼睛之後，依然寫出了《失樂園》；派克曼能寫成《加利福尼亞與俄勒岡小道》，靠的也是他一往無前的決心；英國郵政總局長夫奧西特所以能有今天的地位，也必定是靠他的毅力。像這一類成功的例子不知有多少，而他們的成功都是以沉著堅韌爲代價的。

一個人的潛能就像蒸氣一樣，其形其勢無拘無束，誰都無法用有固定形狀的瓶子來裝它。而要把這種潛能充分地發揮出來，就必須要有堅定的自信心。

一個成功者處理任何事絕不會支支吾吾、糊裏糊塗。他魄力十足，不必依賴他人而能獨立自主。而那些陷於失敗的人既缺乏心理上的自信力，又缺乏實際的做事能力，看上去總是一副窮途末路的樣子，從他的談吐舉止和實際工作上看，好像他處處無能爲力，只好聽任命運的擺佈。

自信使一個人的才幹取之不盡、用之不竭。一個沒有自信的人，無論本領多大，總不能抓住任何一個良機。每遇重要關頭，總是無法把所有的才能發揮出來，因此，那些絕對可以成功的事在他手裏也往往變得慘不忍睹。

一項事業的成功雖然需要才幹，但是自信心亦不可少。假如你沒有這種自信心，是由於你不相信自己能具有自信心的緣故。要獲得成功，你無論如何都要從心靈上、從言行上、從態度上拿出「自信心」三個字來。這樣，在無形中人家就會開始信任你，而你自己也會逐漸覺得自己必然是一個值得依賴的人。

事業最初如一棵嫩芽，要它成長、要它茁壯，必須有陽光去照射它。立即鼓起勇氣、振作精神，努力去排除所有妨礙成功的可惡因素，學習怎樣去改變環境，怎樣去掃除外界的阻遏勢力。任何事情，你都應往成功方面想，而不可以整天唉聲歎氣地去思慮失敗後處境將是怎樣的悲慘。

一個做事光明磊落、生氣勃勃、令人愉悅的人，隨處都受到人們的歡迎；而一個總是怨天尤人、專說失敗的人，誰都不願意與他相交。能在世界上不斷發展自己事業的是那些對未來滿懷希望、愉快活潑的人。

一個有必勝決心的人，他的言談舉止中無不顯出十分堅決、非常自信的氣質。他意志堅決，能夠胸有成竹地去戰勝一切。人們最信任、最景仰的也就是這種人；而最厭惡、最瞧不起的則是那種猶豫不決、永無定見的人。

一切勝利只屬於各方面都有把握的人。那些即便有機會也不敢把握、不能自信成功的人，必然落得一個失敗的結局。只有那些有十足的信心、能堅持自己的意見、有奮鬥勇氣的人，才能保持在事業上的雄心，才能自信必然成功。

在生存競爭中最終贏得勝利的人，一舉一動中一定充滿了自信，他的非凡氣度必定會使人自然對他產生特殊的尊敬。人人都可以看出他生機勃勃、精力充沛的樣子。而那些被擊敗在地、陷入困境的人，卻總是一副死氣沉沉的樣子；他們看起來就缺乏決斷力和自信；不論是行動舉止、談吐態度，他們都容易給人一種懦弱無能的印象。

噴泉的高度無法越過它源頭的高度；同樣，一個人的事業成就也絕不會越過他自信所能達到的高度。

假如你建立了一定的事業發展基礎，並且你自信自己的力量完全能夠愉快地勝任，那麼就應該立即下定決心，不再猶豫動搖。即便你遭遇困難與阻力，也無論如何不要考慮後退。

在一種事業成功的過程中，荊棘有時比那玫瑰花的刺還要多。它們會成爲你事業進展的攔路虎，正是這種攔路虎在檢驗你意志究竟是否堅定、力量是否雄厚，但只要你不氣餒、不灰心，任何攔路虎總是有方法驅除的。

只要緊緊盯住已確定的目標，堅定地相信自己的能力和事業上成功的可能，這樣就能使你在精神上先達到成功的境界。隨後，你在實際的事業過程中的成功也一定是確定無疑的。

很多偉人、領袖一路向前，彷彿有勝利追隨著他們，這些人足跡所至，無往而不利。他們好像是一切事物的主人、一切行動的發號施令者。他們能傲視群雄、征服一切，這一事實應歸功於他們的自信。他們相信自己有克服一切艱難困苦的力量。

◆自信的力量是巨大的。如果你還沒有體會到這一點，那麼從現在開始就培養自己的自信吧。只要展開自信的翅膀，成功的一天就會到來。

3 保持本色才能保持自信

戴爾・卡內基智慧金言

- 一定要保持本色，你不可能變成任何人
- 裝腔作勢，模仿別人只會遭致失敗
- 一個人最糟的是不能成為自己，不能在身與心中保持真正的自我

卡內基有一封伊笛絲・阿雷德夫人從北卡羅來納州艾爾山寄來的信。阿雷德夫人在信中說：

「我從小就特別敏感而內向。我的身材一直很胖，而我的臉使我看上去比實際還胖得多。母親很古板，她認為穿上漂亮衣服是一件很愚蠢的事。她總是對我說：『衣服寬鬆舒服，窄衣易破。』因此她總是照這句話來幫我選衣服。我從來不和其他孩子一起做室外活動，甚至不願上體育課。我非常害羞，覺得我和其他人都不一樣，完全不值得別人喜歡。

「長大之後，我嫁給了一個比我大好幾歲的男人，可是我並沒有改變。我丈夫全家都很好，他們充滿了自信——他們是我應該成為卻沒有成為的那種人。我盡了最大的努力，要成為他那樣的人，可是我沒有成功。他們為了使我開心而做的每一件事情，都只會讓我更加退縮。我變得緊張不安，不敢見所有朋友，情緒極壞，甚至怕聽見門鈴響。我知道我是一個失敗者，但我又怕我的丈夫發現這一點，所以每當我們出現在公共場合的時候，我都假裝很開心，結果總是做得太過火。我也知道我做得太過火了，所以事後我會為此而難過好幾天。最後我覺得再活下去也沒有什麼意思了，於是我開始想自殺。」

那到底是什麼事才改變了這個不開心的女人的生活呢？不是別的，只是一句隨口說出的話。

「隨口說出的一句話，」阿雷德夫人繼續寫道，「改變了我的整個生活。有一天，我婆婆正在談她如何培養她的幾個孩子，她說：『不論如何，我總是要求他們保持本色。』……『保持本色』，就是這句話！眨眼之間，我才發現我之所以總是苦惱，正是因為我一直在試著讓自己去適應一個並不適合我的模式。

「一夜之間，我整個改變了。我開始保持本色，試著研究我自己的個性，試著發現我究竟是怎樣的人。我開始研究我的優點，盡我所能去學習有關色彩和服飾的知識，儘量按照適合我的方式去穿衣服。我主動地交朋友，參加了一個社團組織——它當初是一個很小的社團——他們讓我參加活動，這讓我嚇壞了。可是我每發一次言，就增加了一些勇氣。這件事花了我很長的時間，可是我今天所有的快樂，都是我以前從來都沒有想到的。我在教育我自己的孩子時，也總是把我從痛苦的經驗中所學到的教給他們：『不論如何，總要保持你的本色。』」

的確，人生在世，不論如何，總要保持自己的本色。保持了本色，自然會成爲一個獨一無二的出色的人。

安吉羅·帕屈曾寫過十三本幼稚教育方面的書，以及數以千計的文章。他說：「再也沒有人比那些想做其他人，或除他自己以外任何其他東西的人更痛苦的了。」

這種希望能做與自己不一樣的人的想法，盛行於好萊塢地區。

山姆·伍德是好萊塢最著名的導演之一。他說，在他培訓某些年輕的演員時，所遇到的最棘手的問題正是這個；他要讓他們保持本色。但他們都想做二流的拉娜，或者是三流的克拉克·蓋博。「可這一套觀眾已經看夠了，」山姆·伍德說，「最保險的做法是儘快拋棄那些裝腔作勢的人。」

卡內基曾向素凡石油公司的人事部經理保羅・鮑爾登請教，問他前來求職的人常犯的最大毛病是什麼。他回答說：「前來求職的人所犯的最大的錯誤，就是不能保持本色。他們不敢以真面目示人，不能完全坦誠，卻給你一些他認爲你想要的回答。」可是這種做法毫無用處，因爲沒有人想要僞君子，也從來都不會有人願意收假鈔票。

有一位電車長的女兒——凱絲・達莉，花了許多努力才懂得這個道理。

達莉想成為一位歌唱家，但她長得並不好看。她的嘴很大，牙齒暴突，每次在新澤西州的一家夜總會裏公開演唱的時候，她一直想把上嘴唇拉下來，好遮擋住她的暴牙，她想表演得「很美」，可是結果呢？她讓自己怪態百出，沒能逃脫失敗的命運。

可是，有一個在夜總會聽這女孩唱歌的人，認為她很有天分。「我想告訴你，」他很直率地說，「我一直在觀看你的表演，我知道你想遮掩什麼，你覺得你的牙齒長得很難看。」這個女孩非常窘迫，但那人繼續說道：「為什麼要這樣呢？難道長了暴牙就罪大惡極嗎？不要去遮掩，張大你的嘴，觀眾看到連你都不在乎，他們就會喜歡你的。」他很犀利地說：「再說，你想遮起來的那些牙齒，說不定還會帶給你好運呢。」

這個女孩接受了他的忠告，不再注意自己的牙齒。從那時候開始，她想到的只有她的觀眾。她張大了嘴巴，熱情奔放地唱歌，最終成為電影界和廣播界的一流當紅明星，而其他喜劇演員現在甚至還希望能學她的樣子呢！

正如愛默生在他的散文《論自信》中所說的：「每一個人在他的教育過程當中，一定會在某個時期發現，羨慕就是無知，模仿就是自殺。不論好壞，他都必須保持自己的本色。雖然廣袤的宇宙之間全是美好的東西，但除非他耕耘那一塊屬於自己的土地，否則他絕不會有好收成。他所有的能力是自然界的一種新能力，除他之外沒有人知道他能做些什麼，他能知道些什麼，而這些都必須靠他自己去嘗試求取。」

上面是愛默生的觀點，下面是一位已故的詩人道格拉斯．馬羅屈所說的：

如果你不能成為山頂的松樹，
就做一叢小樹，
生長在山谷中，
但必須是溪邊最好的一叢小樹。
如果你不能成為一棵大樹，
就做一叢灌木。
如果你不能成為一叢灌木，
就做一片綠草，
給大路增添幾分景致。

如果你不能成為一隻麝香鹿，
就做一條鱸魚，
但必須是湖裏最好的一條魚。
我們不能都做船長，我們得做海員；
世上的事情多得做不完，
工作有大有小，
我們該做的工作，就在手邊。
如果你不能做一條公路，就做一條小徑；
如果你不能做太陽，就當一顆星星。
不能憑大小來判斷你的輸贏，
不論你做什麼，都要做最好的一名。

◆世界上沒有兩片相同的樹葉，也沒有完全相同的兩個人，你只能保持本色，做你自己，這樣你的人生才會出彩。

4 喜歡自己，寬容自己的缺點

戴爾・卡內基智慧金言

- 沒有人——包括我們自己——能永遠達到百分之百的成功率。期待別人完美是不公平的，期待自己完美則是難以理解的
- 只有自尊，自愛，才能贏得別人的尊重和喜愛
- 喜歡你自己是成功的必備條件之一

史邁利・布藍敦在其著作《愛……或死》一書中寫道：「適當程度的『自愛』對每一個正常人來說，是很健康的表現。爲了從事工作或達到某種目標，適度愛護自己是絕對必要的。」

布藍敦醫師講得很對。要想活得健康、成熟，「喜歡你自己」是必要條件之一。

布藍敦談到了「自愛」，很多人不能理解。「自愛」是表示「充滿私欲」的自我滿足嗎？不是的。這應該是意味著「自我接受」——一種清醒的、實際的接受自己的真正面目，並伴以自重和人性的尊嚴。

心理學家馬斯洛在其著作《動機與個性》中也曾提到「自我接受」。他如此寫道：「新近心理學上的主要概念是：自覺性、解除束縛、自然、自我接受、敏感和滿足。」

成熟的人不會在晚間躺在床上考慮自己和別人不同的地方。他可能有時會批評自己的表現，或覺察到自己的過錯和效率不彰，但他知道自己的目標和動機是對的，他仍願意繼續改進自己的弱點，而不是自憐自歎。

成熟的人會適當地忍耐自己，正如他適當地忍耐別人一樣。他不會因自己的一些弱點而感到活得很痛苦。

今日，全國醫院裏的病床，有半數以上是被情緒或精神出了問題的人所佔據。據報導，這些病人都討厭自己，都不能與自己和諧地活下去。

我們很少人有勇氣獨具一格，或很清楚明瞭自己究竟擁護什麼主張。我們的行爲通常受社交或經濟的影響，如衣、食、住或思考的方式，大概都與鄰居差不多。假如周遭環境與我們的個性格格不入，我們會變得神經質或不快樂，會感到失落和迷惘——不喜歡我們自己。

好幾年前，卡內基訓練班裏有位女學員曾碰到過這種情形。她的先生是位成功的律師，有理想，做事積極，也相當獨裁。這對夫婦的社交圈子當然是以先生的朋友為主，也都是相同典型的人——都以聲望和外在成就來衡量人的價值。這位太太十分文靜、謙遜，這樣的生活環境常常使她覺得自己十分沒用，不能把長處發揮出來；而她所具有的品質，也常常被忽略、被藐視，因此她愈來愈對自己沒有信心，也為自己不能達到別人的期望而痛苦不堪。她不喜歡自己。

這位太太的問題不是不能適應環境，而是不能適應認清她自己。她不能愉快地接受自己的本來面目，而期望能變成另一個完全不同的人。她需要明白：每個人都具有一定的作用，可以在生活中表現出來。這種作用必須依著自己的個性表現出來，而不是模仿他人。明白了這點，她才會對自己產生興趣。

她自我認同的第一步，是不再用別人的標準來評斷自己，而必須建立起自己的標準，然後開始作爲生活的依據。她也必須學習如何與自己相處，而不是常常批判自己。不喜歡自己的人，表現在外的症狀之一便是過度自我挑剔。適度的自我批評是健康的、有益的，對追求進步極有必要。但若超過一定程度，則會影響我們的積極行爲。

好幾年前，在卡內基訓練班裏，還有位女學員在下課之後跑來找卡內基，抱怨自己的演講沒有達到自己理想的效果。

「當我站起來演講的時候，立刻意識到自己笨拙、膽怯的表現。」她說道：「班上的其他學員似乎都顯得從容自如很有信心。但我一想到自己的種種缺點，便失去勇氣，無法再講下去了。」

她還繼續分析自己的弱點，並說明得十分詳細。等她講完之後，卡內基回答了幾句話。卡內基對那幾句話的印象十分深刻：

「別盡想自己的缺點。並不是缺點使你的演講不好，而是你沒有把優點發揮出來。」

千真萬確，並不是缺點使我們的演講、藝術作品或個人性格顯得失敗。莎士比亞的戲劇裏有許多歷史和地理上的錯誤；狄更斯的小說也有不少過度矯情的地方。但誰會去注意這些缺點呢？這些作品閃耀著不朽的光輝——由於它們的優點那麼顯著，以致缺點都變得不重要了。我們愛我們的朋友，是因爲他們的種種優點，而不是缺點。

把注意力放在我們自身的優點上，培養它們，忘卻弱點，如此才能不斷進步，並自我實踐。當然，我們也會隨時改正錯失，卻不必一直放在心上。

當上帝遇到身體或精神受折磨的人，他不會先去查問爲什麼這些人會如此，也不會過度給予同情。他不會說：「可憐的人哪，你的運氣真不好，環境處處與你做對。告訴我，你是如何落難的？」

不，耶穌的忠告是直接進入問題的重點。他說：「你的罪被寬恕了，回家去吧，而且不要再犯罪了。」

我們的心靈常因罪惡感和自卑感，再加上過往和現在所犯的種種過錯，而自己看不起自己。我們不能尊敬或喜愛這樣的自己。為了讓自己跳出這樣的情境，我們必須把過去的種種埋葬掉，然後重新出發。

為了學習喜歡自己，我們必須培養出面對自己缺點的寬容。這並不意味我們必須降低水準，變得懶惰、糊塗或不再盡心盡力。這是表示我們必須瞭解一個事實：沒有人——包括我們自己——能永遠達到百分之百的成功率。期待別人完美是不公平的，期待自己完美則是難以理解的。

卡內基曾參加過一個組織，其中有一位女會員是道道地地的完美主義者。她對每件事都力求精確，因此凡事不肯委與他人，而必須自己親自去做。她連做個小小的報告都要費去許多時間研究；至於演講，就更要準備得精疲力竭為止。她討厭不速之客到家裏去，每次請客都要事前計畫得盡善盡美——她費盡這麼大的苦心，終於把每件事都料理得井然有序，十分完美——一種冷酷的、機械性的完美——沒有歡樂、自在或溫情。這樣的完美，實在令人討厭。

要求自己時時保持完美是一種殘酷的自我要求。那表示：我們不能僅表現得和別人一樣好，而是要超越所有人，要像明星一樣閃閃發亮。我們的重點不是自我發揮，不是為了把事情弄好；我們注重的是要贏過別人，使自己達到傲視群倫的地位。

然而，完美主義者也和一般人一樣會犯錯、會失敗。但他們不能忍受這樣的狀況，因此會變得痛恨自己：討厭自己。正因爲如此，他們終難逃脫悲慘的命運。

◆千萬別苛待自己。有時候，我們要練習自我放鬆，取笑自己的某些錯誤，要學習喜歡自己。只要喜歡自己，自信就會油然而生。

第三章
不斷成熟：贏取亮麗的人生

1 認清自己是成熟的前奏

戴爾．卡內基智慧金言

·要想找到真正的自我，必須先去除掉許多人性的束縛

·興奮便有如火把，能把捆綁住自我面貌的層層束縛燒掉，使真正的自我解放出來

·心靈的成熟過程，是持續不斷的自我發現、自我探尋的過程。除非我們先瞭解自己，否則我們很難去瞭解別人

在一次偶然的機會裏，卡內基認識了一位女士。在談到自己的丈夫時，這位女士說道：

我的丈夫喜歡園藝，親手料理一個相當有規模的玫瑰園，給我們的生活增添不少樂趣。一日，正當我們陶醉在盛開的玫瑰叢中，他忽然開口道：「這些玫瑰，粗看起來都十分相像，是嗎？其實並不一樣。只要你仔細看，便會發現它們朵朵不同。甚至連同屬同種的類別，開出來的花都彼此不太一樣。如生長的速度、花瓣曲卷的程度、顏色的均勻與否等等，只要仔細分辨，均可發現它們各有獨立的風采。」

假如自然界是如此，則人類的情形更爲顯著。曾擔任過「大英科學精進協會」會長的亞瑟・吉始博士，對古代的生活及民俗極有研究。他曾說過：「沒有兩個人的生活遭遇是完全相同的……每個人均有他與眾不同的生活遭遇。」

不錯，每個人的生活遭遇都是獨一無二的。儘管構成人體的基本因素相同，但我們每個人的生命都很奇怪地自成一格，絕不與他人完全一樣。

要想邁向成熟，我們首先得瞭解並接受這個事實。因爲這便是我們與他人溝通的基礎。除非我們真正把他人視爲獨立的個體，正如我們本身的情形一樣，否則，我們很難與他們建立起有意義的關係來。

要如何才能使我們更意識到自己是獨一無二的？要如何才能以更成熟的態度去認知自己？下面有三種方法：

第一，每天抽出時間獨處，以進一步認識自己

由於現代生活的忙碌緊張，我們愈來愈少有時間給自己深思的機會。我們一定要想辦法抽出時間來面對自己，認識自己。

但是，不同的人通常有不同的獨處方法。卡內基的一位朋友曾告訴卡內基，他通常在人群擁擠的街道上，一面散步，一面冥想。「這種方法，可以使我達到忘我的境界，而想出許多解決問題的方法來。」

卡內基的訓練班上有一位女學員對卡內基說：

我丈夫則喜歡到附近的教堂去，以尋求片刻的寧靜。他說，這種方法可以安定神經，恢復精神，並使自己的心靈變得澄清起來。

我自己則喜歡接觸大自然。對我來說，我並沒有多少空閒時間可以散步或從事什麼戶外活動。但我可以獨自到花園裏走走，甚至只坐在窗旁偶爾眺望窗外的藍天或樹木，都可以讓心靈得到極好的休息。每次見到季節的變遷，無論是面對一望無際的風景，或只是一片小小的土地，都可以使我感受到大自然的神奇與美妙，更使我自己也融入其中，成為大自然的一分子。

的確，每個人都有自己的獨處方法，無論如何，只要能爲自己帶來寧靜和快樂，又何必去模仿呢？有些人也許比較喜歡單獨待在一起，或用其他自我隔離的方式。總而言之，每天撥一小段時間出來，不受干擾，如此才能好好體驗你自己，你的生活、信仰和種種行爲。歷史上許多哲學家或思想家，便時時獨處清修，也都從中獲益匪淺。如耶穌、佛陀、笛卡兒、蒙田、拜揚等。

第二，要打破習慣的束縛

我們時常把自己深裹在習慣或習以爲常的無聊事件裏，在裏面窒息而不自知，得用火藥或極大毅力才能將之破除。想想看，我們有多少人每天都不斷重複相同的行爲，生命因此變得遲鈍、沒精神並且毫無創新的能力。

住在奧克拉荷馬州的一位年輕婦女，是卡內基訓練班的學員，她把自己如何突破習慣束縛的經過告訴了卡內基：

我先生和我都是電視迷，每天傍晚一下班回家，便立刻打開電視，然後一面吃速食麵，一面看電視，直到就寢時間為止。我們很少去拜訪親朋好友，或閱讀書報，或到外面去參加各種活動。因為我們一想到就要因此錯過某某電視節目，就什麼事也做不了。假如有人來拜訪我們，我們也常常心不在焉，只盼望趕快回到電視機面前。

一天，我和幾個老朋友一道吃午餐，發現自己很難和他們打成一片，因為他們所談的話題我都不清楚。我很少到別的地方去，也很少閱讀什麼報章雜誌，我幾乎很少做其他事——除了每天看電視之外，沒有其他愛好。

我回去和丈夫提到這個情形，並告訴他，我們得想辦法把這個習慣破除掉。他極表同意，我們便開始計畫如何去做。我們先報名參加某些成人教育的晚間課程，也開始偶爾去打打保齡球；我們一起到朋友家拜訪，或到圖書館借書來看，並大聲念出來給大家聽。我實在很高興終於擺脫了壞習性，也發現這無論是對工作或婚姻，都大有幫助。我們的生活變得更豐富，與他人的關係也更親密，更有價值。

這兩人原本深陷在習慣的泥沼裏，不能自拔，但經過兩人的共同努力，終於把自己拯救出來。

第三，去發現生活中什麼東西最能讓我們感到滿足

在心理學家威廉．詹姆士一八七八年寫給妻子的一封信裏，最能表現出這種思想：「……我經常想，爲一個人的品格下注腳的最好方法，應該是去找出他的精神或態度來，尤其是發生某些特別事件的時候，使他能感覺到自己最深刻、最活躍的生命來。在這種關鍵時刻，通常會有一種聲音在他內心深處吶喊：『這是真正的我啊！』……」

換句話說，興奮時刻會把我們的真正面目呈現出來。因爲，感覺到「最深刻、最活躍的生命」，正是最令人振奮的事！

這種興奮也許與觀念、性格或某種客觀情況有關。但無論如何，興奮本身能讓我們擺脫掉習慣、厭煩和憂慮，然後把我們整個人生動地表現出來。

興奮的品質是我們工作能否成功的極重要因素，因爲情緒的動力是促成我們前進的力量。偉大的物理學家及諾貝爾獎得主愛德華・維克多・亞伯頓爵士說過：「在科學研究的領域裏，我認爲熱忱要比專業技術還重要。」

很顯然，亞伯頓爵士並不是認爲專業技術在研究工作上不重要，而是認爲：熱忱——也就是一種興奮——能使一個人把專業技術充分地發揮出來。

卡內基在進行演講教育過程中，發現人們在演講的時候，其效果視演講人對其所講題目熱心的程度而定。不論此人講的是氫彈、岳母大人或是非洲的熱帶叢林，他對聽眾所發揮的影響力，完全與自己對題目感情的強度成正比。

人的個性雖不能改變，但可以通過某些行爲呈現出來。要想找到真正的自我——也就是我們與他人不同、真正具有價值的地方——則必須先去除掉許多人性的束縛，諸如：恐懼、畏縮、自我疑慮、迷惑及僵化人性中心思想的種種積習等。這時，興奮便有如火把，把捆綁住自我面貌的層層束縛燒掉，使真正的自我解放出來。

對另一些人來說，興奮也可說是一種令人震動的工作、活動或創作行爲。耶魯大學的威廉・林恩・菲爾普教授，曾寫過一本名叫《教學樂》的書，內中便詳細描述了教學生涯如何使他活得又興奮又快樂。

危機時刻也會讓人感到興奮，因爲此時能把人的某些性格呈現出來。有些災難，像戰爭、洪水或地震等，通常會造就出不少英雄人物。因爲人在這種極具刺激或挑戰性的時刻，才會把真正的自我和潛藏能力發揮出來。還有一些告老退休、與兒女同住的老年人，雖然平常看起來好像沒什麼用處，但若家庭發生危機或意外打擊，他們便能發揮出無比的力量和效率，而變得有如巨塔般令人仰之彌高了。

心靈的成熟過程，是持續不斷的自我發現、自我探險的過程。除非我們先瞭解自己。否則我們很難去瞭解別人。蘇格拉底說過，「瞭解你自己是智慧的開端。」那麼，「你是獨一無二」的說法，便是現代人對古老智慧的新注腳了。

◆成就是人發展到一種程度的標誌。成熟預示著一種力量，它足以吸引他人。在人生的道路上，每個人都應該認清自己，向成熟的方向邁進。

2 勇擔責任是一種成熟的表現

戴爾・卡內基智慧金言

・一個人邁向成功的第一步，應該是敢於承擔責任

・對那些不成熟的人來說，他們永遠都可以找到一些藉口，以掩飾他們自身的某些缺點或不幸

・我們應該拒絕藉口，改變自己，而不是整日沉溺於自憐的深淵中

一天，卡內基正在學步的女兒戴安娜想將一把小椅子搬到廚房裏去，因為她想爬上去拿冰箱上的東西。看到這一情景，卡內基急忙衝過去，但還是沒來得及防止她從椅子上絆下來。當他正要扶起她，查看她是否摔傷，這時只見她邊哭邊朝那張結實的椅子狠狠地踢了一腳，並且還十分生氣地罵道：「就是你這壞傢

伙，害得我跌倒了！」

如果你留心一下自己的幼兒生活，或回想一下自己的幼年時代，你一定會聽到或見到更多類似的故事。對孩子們來說，他們的這種行爲是極其自然的。他們喜歡責怪那些沒有生命的東西，或是毫不相干的人物，似乎這樣就可以減輕自己的痛苦。他們的這種行爲當然是正常的。但是，假如這種反應模式和習慣一直持續到成人期，那可就麻煩了。

自古以來，人們就普遍存在著一種諉過於人的不良傾向。偷吃了禁果的亞當，最後把過錯全都推諉於夏娃身上：「那婦人引誘我，我便吃了。」

一個人邁向成功的第一步，應該是敢於承擔責任。

我們生在這個世界上，就要面對生命中的許多責任，絕不可在受難或跌倒的時候，像孩子一樣去踢椅子出氣。

爲什麼有如此眾多的人都喜歡諉過於人呢？細想一下，也不奇怪，因爲責怪別人比自己承擔責任肯定要容易得多。想想你自己，你是否經常喜歡責怪父母、老闆、老師、丈夫或兒女，我們有時甚至喜歡責怪祖先、政府，以及整個社會，甚至責怪自己不應該來到人世。

對那些不成熟的人來說，他們永遠都可以找到一些藉口，當然是外在理由，以掩飾他們自身的某些缺點或不幸，掩飾自己「無能」的現實。比如，他們的童年極爲貧困、父母過於貧苦或過於富有、教導方式過於嚴格或過於鬆懈、沒有受過教育或健康情況惡劣等等。

也有人埋怨丈夫或妻子不瞭解自己，或是命運與自己作對。你有時不禁要感到奇怪：爲什麼整個世界要合起來欺負這些人呢？對這些人來說，他們從沒想到要去克服困難，而是先去找一隻「替罪羊」。

卡內基還記得，他的一名學員有一天下課之後跑來找他。

那天，他們的課程是訓練學員記憶別人的姓名。那位學員對卡內基這麼說：「我一向記不住別人的名字。」

「為什麼？」卡內基問道。

「這是我們家的遺傳。」她回答道，「我們家族的記憶力一向都不好，所以，我也不期望在這方面有什麼改善……」

「小姐，」卡內基誠懇地說道，「你的問題不在遺傳，而是一種惰性。因為你認為責怪家族的遺傳要比努力提高自己的記憶力容易多。請你坐下，我來證明給你看。」

卡內基幫助她做了幾個簡單的記憶訓練。由於她十分專心，因此效果良好。當然，要她改變原有的觀念需要一些時間，但由於她願意接受卡內基的建議，因此終於克服了困難，記憶力大大提高。

如今，很多爲人父母者，除了記憶力衰退之外，還有各種事情都會受到子女的抱怨，從掉頭髮到日常生活中的種種挫折，無所不有。

奇怪的是，像喬治・華盛頓，他雖然沒有高貴的出身或功績顯赫的父母，但他一樣能推動歷史，成爲舉世聞名的人物。

亞伯拉罕・林肯，他幼年的物質條件極為匱乏，一切須靠辛勤勞動，這也沒有對他產生什麼不良影響，而且林肯也沒有想著去責怪他人。他曾在一八六四年做過這樣的陳述：「我對美國人民、基督教世界、歷史、還有上帝最後的審判均負有責任。」

這可以說是人類史上最勇敢的宣言。除非我們也能在其他人及上帝的面前，以同樣的精神承擔自己的責任，我們就還不算成熟，更別癡望成功了。

最簡單、也是目前最流行的一種逃避責任的方法，就是去找一位心理醫生，然後斜躺到他的診療椅子上，花一整天時間談論我們的種種問題，以及爲什麼我們會變成目前這個模樣的理由——這也是極昂貴的一種現代高級享受。

假如醫生告訴你，你的一切麻煩均來自幼年時期的不正常待遇——母親的極度控制欲或父親的過度專橫，假如這樣的說法能讓你覺得舒服，並且又付得起費用的話，卡內基也不反對你就這麼樣一輩子依靠心理醫生活著。

威廉・戈夫曼醫生曾寫過一篇精彩的論文——《乳兒精神病學》。文中提到目前日益增多的「心理醫生」，是怎樣把大家寵壞的。當心理學一直為那些不能面對成人世界的人尋找藉口或託辭的時候，更會有許多人繼續把他們的諸多困難歸罪於各種外在因素。

在較早的時候，星相學是人們的熱衷對象。「我的生辰八字不好」或「我沒有一顆幸運的行星護佑我」，這些都是十六世紀時，人們對許多困難或不幸最常用的「藉口」。

但是，莎士比亞在《凱撒大帝》一劇當中，卻讓羅馬名將凱撒說出如下的話：「親愛的布魯塔斯，這過錯並非由於我們所屬的星辰，而是我們有一種聽從於命運的習慣。」

假如你相信《聖經》中對耶穌事蹟的描述，你更會明白耶穌最引人注意的品質之一，便是他的擇善固執、毫不妥協。當有人找他幫忙或治病的時候，他不會浪費時間去細查對方的潛意識，或找出何人或事該爲此人目前的困境負責任。

「拿起你的褥子回家去吧！不要再犯罪……你的罪已被赦免……」

耶穌的態度很顯然是表示：忘掉過去，改變人的生活才重要，而不是終日沉溺在自憐的深淵中。

◆一個人來到這個世界上自有他的理由，也有他應該擔負的責任。如果放棄這個責任，他就喪失了降生的意義。每個人都應該擔負起自己的責任，撐起屬於自己的那片天空。

3 凡事都要三思而後行

戴爾．卡內基智慧金言

．「三思而後行」並非要我們陷入猶豫不決中，而是警告我們不要採取不以事實為基礎的倉促行動

．行動的能力當然是成熟心靈的一部分，但是必須要根據適當的理解和知識而採取行動，不是想到什麼就做什麼

有一句格言叫：「知而後行。」對於易衝動的人來說，這是一句很好的格言，強調的是「知」！雖然下決定並進而根據決定行事是成熟的一部分，但直接行動必須根據合理的判斷，以及確實掌握有關決定的一切因素。

「三思而後行」和「投資之前先做調查」並不是要我們陷入猶豫不決中，而是警告我們不要採取不以事實爲基礎的倉促行動。

如果醫生不先確診癥結所在就做緊急手術，後果可想而知。不錯，在這種突發事件中，直接行動是必要的，但行動的成敗基於先前的診斷。

住在墨西哥州阿爾布奎克的西奧圖·E·考斯太太，幾年前曾為維持她生病的母親家裏的開銷而傷透腦筋。原本給予她們經濟支援的叔叔打電話給考斯太太，問她能否節省開銷，或削減兩位護士的薪水。

對考斯太太而言，這並不是理想的解決辦法。她答應叔叔說考慮一會兒後給他回電話。她很感激他為她母親盡的心力，也很願意減輕他的負擔。

「我紙上思考最內行，」考斯太太說道，「因此我拿出一大本活頁紙，將母親的收入列出一張表來，包括她的有價證券收入和我叔叔給的錢，然後再列出她的一切支出。我發現母親的衣食支出很少，但有一幢每年用掉二十到四十噸煤、每個月煤氣費二十到三十美元、有十一個房間的大房子，再加上兩個女護士、稅金、保險費等等，費用非常龐大。顯然，這幢房子不得不放棄掉。

「而另一方面，母親的健康情況越來越糟，我不知道移動她是否妥當。她一直想在那幢房子裏度過餘生。在這個問題上我顧慮太多，無法作出決定，因此我去請教一位醫生朋友，他建議我去找離我家三分鐘路程的一家私人療養院的女主人。

「這個女人仁慈、能幹，她答應照我預算之內的收費照顧我母親。於是我決定將母親送進她開的療養院。

「對大家來說一切進行得很順利。母親一直不知道她搬了家，以為她還住在自己家裏。我也可以天天去看她而不必一個星期才去一次。她受到更好的照料，我叔叔的財務問題隨之迎刃而解。這個經驗告訴我，如果我將問題寫在紙上好好分析的話，通常都能自行解決問題。這是我此後經常使用的辦法。」

考斯太太顯然是因事前詳細地分析而獲得成功的。如果沒有對事實適當地整理分析就採取行動，她可能嚴重危害到她母親的福利，而財務狀況也不可能獲得緩解。

當金錢上出現了問題時，將一切事實列在紙上，讓它們清清楚楚地呈現在你眼前？將大有裨益。這世界上誰沒有遭遇過金錢上的問題呢？

伊利諾依州奧爾尼的傑克．吉姆夫婦也遭遇過同樣的問題。

和許多新婚夫婦一樣，吉姆夫婦幾乎在蜜月還沒度完之前就發現他們有了未付賬單的苦惱——當時正處於第二次世界大戰期間，傑克就要應徵入伍了，而他們有一大堆的帳單要付。

「最後，」傑克．吉姆說，「我們認為擔憂是毫無用處的，因此我們坐下來做了一點清算的工作。清算的結果是：幾乎鎮上的每個商人我都欠了些錢，不多，但是絕對超出我入伍前能清償的範圍。因此我們決定正大光明——告訴每一個商人，我們打算每個月還一點錢。

「可能我所做過的最艱難的一件工作就是面對那第一個商人，告訴他說我不久就要離開了，而且暫時無法清償欠款。但是當我告訴他我打算每個月還他一小筆錢時，他竟仁慈地接受了我的提議。此時，我大鬆了一口氣。接下去的商人一樣仁慈、體諒。後來，我的債務都一一清償完畢。戰後我回到家裏時，還有一個商人到我家去，感謝我守信用。

「分析我們的困難使我們能夠做出合理的決定並採取行動，而且是個正確的決定。」

有許多人無法像傑克．吉姆那樣，坐下來冷靜地面對問題，因此夜夜失眠，終夜愁苦，他們盡可能拖延作決定的時刻；如果無法拖延，就惶恐地採取一些令人越陷越深的倉促行動。他們盡可能避免面對現實地去分析問題，以致無法徹底瞭解處境。

卡內基培訓班裏有位女學員，她有一次跟卡內基談起了她的丈夫。

「我丈夫有一次訪問哥倫比亞大學一位院長赫伯特．E．霍克斯，很驚訝地看見像霍克斯院長這樣的大忙人的辦公桌上竟然乾乾淨淨，見不到任何文件或檔案。」

「『處理這麼多學生的問題，』我丈夫說，『你一定得經常作決定。可是你好像很冷靜，不慌不忙的。你是怎麼做到的？』」

「『呃，』霍克斯院長說：『是這樣的。如果我有決定要作，我就利用那天的時間來收集跟那個決定有關的一切資料，我是資料收集委員會的唯一委員。我不在意我的決定是什麼，只研究跟問題有關的一切事實。這一來，決定就自己產生了。很簡單，不是嗎？』」

是的，是很簡單，也很明顯，但是，它也像許多常識一樣，時常被嚴重忽略掉。只依情緒、偏見、性急等等採取行動而不根據事實作分析，這確實是一種不成熟的表現，這是一種小孩子「馬上就要」的欲望的延伸，不顧來往的車輛就衝過馬路；不顧令人中暑的酷熱跑就到海灘去；毫不思索就採取衝動、魯莽的行動。

一次，有位婦女向卡內基透露擔心丈夫對她不忠。她猶豫著不知道該將她的懷疑坦白地告訴他、指責他，還是帶著孩子離開他回娘家去。

「你為什麼認為他在外面有女人呢？」卡內基問她。

「呃，」她說，「是他表現出來的樣子。他以前很好相處，現在卻動不動就罵我、批評我，又說他工作到很晚，很累，不再陪我去任何地方了。從很多小地方可以看出來。他甚至忘了我們的結婚紀念日。他已經完全不是以前的他了！」

聽起來確實是有些不對勁，但是卡內基請她在採取任何倉促的行動之前先查明一些事。

卡內基的第一個建議是要她聯絡醫生，安排她丈夫去作身體檢查。另一個建議是要她設法查明是否在工作上出了差錯。

這個建議奏效了。醫生發現她丈夫需要動一次緊急手術。手術後，他很快恢復了原先的和善，他太太也不再疑神疑鬼了。

這個女人原先差點就因自己的多疑而拿她的婚姻和一家人的未來作賭注，作出毫無理由的倉促、偏激的行動。要真是那樣的話，她恐怕只有後悔的份了。

◆很多人由於思慮不周而採取行動，結果為自己帶來了遺憾。如果你也是動不動就倉促行動，那不妨從現在開始，就牢牢記住——凡事要三思而後行。

4 把握自己心靈的完整

戴爾・卡內基智慧金言

・人的真正自由，是接受生活的種種挑戰，經過各種爭議，不斷奮鬥

・要想成為真正的「人」，必須先是個不盲從因襲的人

「要想成爲真正的『人』，必須先是個不盲目跟隨的人。你心靈的完整性是不容侵犯的……當我放棄自己的立場，而想用別人的觀點去看一件事的時候，錯誤便造成了……」這是最有個性的拉爾夫・瓦多・愛默森所講的名言。這對喜歡強調「由別人的觀點來看事情」以增進人際關係的人來說，無疑是一大震撼。

也許，我們可以把愛默森的話做如下詮釋：

「要盡可能從他人的觀點來看事情——但不可因此而失去自己的觀點。」假如成熟能帶給你什麼好處的話，那便是發現自己的信念及實現這些信念的勇氣——無論遇到什麼樣的情況。

年輕人或涉世未深的人，常常會害怕自己無法融入群體中……無論是穿著、行動、言談或思考模式，都儘量與自己所屬的圈子雷同。家裏有青少年的父母，最害怕聽到這樣的話：「莎莉的媽媽都讓她搽口紅。」「別的女孩像我這樣的年紀，都有男朋友了。」「老天爺，你們要我當個老怪物嗎？沒有人會在十一點鐘以前趕回家的。」如此之類的話時常震動人們的耳鼓。

小孩喜歡與同年齡的人做一樣的事，他們很在乎朋友或玩伴對自己的看法。他們需要被自己的同伴接受——這是他存在的最重要依據。假如同伴之間的標準與父母的標準發生衝突，對他們也會造成極大困惑。對身爲父母的人來說，這也正是最讓他們頭痛的地方。

當我們身處陌生的環境，又沒有以往的經驗可以參考的時候，最好的方法便是順從一般人的標準——直到我們自己的經驗和信心足以給我們力量，然後才能照著自己的信念和標準去做。若是還不清楚自己反對的對象或理由便貿然從事改革，則可算是傻瓜的行徑了。

無論如何，時間會讓我們發展出一套屬於自己的價值系統來。比方說，我們會發現誠實是最好的行事方針。這不僅是因爲許多人這麼教導我們，也是經由我們自己的觀察、經歷和思索的結果而來，認爲犯罪的代價是不値得的。很幸運地，對整個社會來說，大部分人都對某些生活上的重要基本原則表示同意，否則，我們就要陷於一場糊塗了。

但是，就算是基本原則也有受到考驗的時候，尤其是一些特立獨行的人會提出改革——這便是文明進步的動力。比如：人們一向對行之有年的奴隸制度不敢貿然表示反對，直到有少部分前衛人士起來呼籲，最後才呼聲震天。此外，用酷刑套供、剝削童工、不人道的刑罰、產品誤示等等，實在數不勝數。這些不合理的現象，一度為大部分人所接受，不曾提出質疑，直到有少部分人起來反對，並堅持到底，事情才有了轉機。

要想特立獨行也並不容易，至少不是件愉快的事。有時，甚至還有危險性。大部分的人寧願順應環境，躲在人群當中接受保護，對各種統治者的領導毫不質疑或提出反對——他們不敢做與眾不同的事。但是，他們並沒有體味到，這種安全其實是虛偽的。人類的心理其實最脆弱，最容易被人牽著鼻子走。

像追求安全感一樣，人們順從環境，往往最後變成了環境的奴隸。人的真正自由，是在接受生活的各種挑戰，是要不斷奮鬥。並經歷各種爭議。著名的戰地特派員愛德加·莫勒便曾說過：「一般男女並不因追求消極性的德行——如：順應環境、安全或一般所謂的幸福——而達到人格的完整性，而是憑藉挑重擔達到卓越的境地（這也是最大的幸福）。聰明的人從不逃避困難，我們的祖先一直就瞭解這一點。」

從某種程度說，成長就是由父母的保護蔭庇之下，逐漸走向自我發展的廣闊世界。

假如我們真的成熟，便不再需要後退躲進懦怯者的避難所裏——去順應環境；我們不必躲在人群當中，不敢把自己的獨特性顯現出來；我們不必盲從別人的思想，而要凡事有自己的觀點。

一些認為自己非常了不起的人，並不需要你向他們發表什麼有關人性價值的長篇大論。這種人通常為熱誠的使命感所驅使，因此變得義無反顧——一種強烈的內在力量，使他們能不顧一切地去面對各種困難。

但普通人便常常搖擺於各種團體的壓力之間。因爲他們認爲：假如有那麼多人反對，想必是自己錯了。他們的信念常常被絕對多數所壓倒。當大多數人反對他們的時候，他們會對自己的判斷喪失信心。

也有人認爲：那些特立獨行的人，通常是一些古怪、喜歡嘩眾取寵或喜歡標榜「與眾不同」的人。我們不會以爲一個留鬍子的人，或一個在大街上打赤腳的人，或穿著T恤衫參加正式宴會的人，或在劇院內抽雪茄的女士，是一些喜好自由的獨立人士，反而會以爲他們像動物園裏的猴子一般，還處在愚昧無知的境地。

成熟的性格能堅持我們的信念，也能驅使我們去遵行這些信仰。每個人對自己、對全人類都負有一種責任——好好運用自身所具備的種種能力，以增進全人類的福祉。

愛默森在世的時候，有很多從事反對奴隸制或其他種種改革運動的人找他支持，都被他婉言拒絕。愛默森當然同情這些運動，也都希望他們能做得很好。但他卻不認為應該把自己的精神與能力放到這些運動上面，因為那並不是他的專長。他非常堅持這個原則，雖然因此遭人誤解，也在所不惜。

愛默森的立場是堅定的，他爲後人樹立了典範。或許正是因爲他具有堅定的立場，所以長期以來人們對他敬重有加。

堅持一項特立獨行的原則，或不隨便遷就一項普遍爲人支持的原則，都不是件容易的事。當一個人不隨波逐流，並願意在受攻擊的時候信念堅持到底，的確需要極大的勇氣。

不可否認的，我們今日最難要求自己達到的誡命便是：「保持自己的獨特個性。」在這充滿了大眾產品、大眾傳播及裝配線教育的當今社會，瞭解自己很難，要維持自己的本來面目更難。

普林斯頓大學校長哈洛．達斯，對順應群體與否的問題十分關切。他在一九五五年的學生畢業典禮上，以《成爲獨立個體的重要性》爲題目發表演說。其內容如下：

「無論你受到多大的壓力，使你不得不改變自己去順應環境，但只要你是個具有獨立個性氣質的人，便會發現，不管你如何盡力想用理性的方法向環境投降，你仍會失去自己所擁有的最珍貴的資產——自尊。想要維護自己的獨立性，可說是人類具有的神聖需求，是不願當別人橡皮圖章的尊嚴表現。隨波逐流縱可一時得到某種情緒上的滿足，卻也時時會干擾你心靈的平靜。」

達斯校長最後做了一個很深刻的結論。他指出：「人們只有在發現自我的時候，才會明白自己為什麼會到這個世界上來、要做些什麼事、以後又要到什麼地方去等這類問題。」

澳大利亞駐美大使波西．史班德爵士，在一九五五年六月受任爲紐約聯合大學的名譽校長時，也發表了如下演講：

我們的生命意義，是要把我們所具有的各種才能發揮出來。我們對自己的國家、社會、家庭，都具有責任。這是我們來到這世上的理由，也能使我們活得更有用處。如果我們不去履行這些義務，社會便不會有秩序，我們的天賦和獨特個性也不能發揮——我們有權利、也應有一個神聖的機會去培養自己的個性，並藉以追求自己、家人、朋友，甚至全人類的快樂幸福。

◆每個人都有自己完整的心靈，但很多人由於各種原因，破壞了這種完整性，使自己成為「支離破碎」的人，備嘗恥辱。你應該努力保持自己心靈的完整，做一個真正的人。

5 絕不向人生中的障礙屈服

戴爾・卡內基智慧金言

- 喜歡逃避責任的人常把困難當成他們最好的擋箭牌
- 不成熟的人總是把自己與別人的不同之處看成是障礙，期望自己得到特別的待遇；成熟的人則是認清自己與他人的不同之處，然後接近或改進

卡內基有個好朋友的兒子從小就口吃。然而，這個孩子功課非常好，小學成績一直名列前茅，很受朋友們的歡迎。很長一段時間，孩子的雙親求助口吃治療學家和精神病醫師，竭力想要治好兒子的口吃，但全都失敗了。

有一天下午，巴比從學校回來宣稱，他被指定代表畢業生在畢業典禮上致告別辭。幾分鐘以後，他蹦蹦跳跳地上樓回房間去做準備了。

他的父母針對告別辭提出了一些意見，但是他們很明智，並沒提起他發言時可能會遇到的困難。

畢業典禮舉行的那天晚上，小巴比站在臺上，代表他的年級致告別辭。他站得筆直，雙肩擺正。聽眾十分安靜，其中有一些人知道他有語言障礙。

他滿懷信心地慢慢抬起頭來，然後果斷而流暢地講，十五分鐘。在他準備致告別辭的時候，他已經下決心要超越口才上的障礙。全場爆起的掌聲是他的最大收獲，是對他不凡之舉的獎賞。

還有一個真實的故事。

來自新澤西的實業家J．卡里頓．葛瑞菲斯最近開車經過莫瑞斯城時，看見一個人正要穿越十字路口。當他看出他是一位由導盲犬陪伴的年輕女盲人時，他遠遠地就踩住煞車。

過了一會兒，使他感到驚訝的是，有一個人走到車旁向他說明自己是那個年輕人的指導員，然後說：「以後請不要再那樣煞車。那隻狗是被訓練來避開車輛的，假如所有的駕駛員都停車，狗會認為這是正常情況而加以接受。這樣一來，總有一天會有盲人被沒停下來的車子撞死。」

這個故事給卡內基留下了深刻印象。不只是因爲那個指導員話中的邏輯，而且因爲瞭解到現在的盲人正在這些了不起的動物的幫助之下，超越自己的障礙，走向正常的生活。拒絕向障礙屈服的盲人，他們都是成熟的人，在黑暗的世界中爲自己負起責任來。他們不願意過托鉢行乞的生活，不絕望，不找藉口。

羅伊·L·史密斯曾經寫過一個富有啓發性的故事，一本他定名爲《圓滿的一生——死神門前徘徊》的傳記。這本傳記寫的是艾莫·何姆斯的故事。

艾莫·何姆斯在俄亥俄州韓特斯維爾出世時，一個鄉下醫生作出過這樣的結論：「這孩子絕對不可能活下去。」

然而何姆斯活下來了，儘管他的右肺受到嚴重的傷害，而且在九十多年的生命歷程中肉體不斷受到折磨。由於他沒法幹粗重的活，於是轉向閱讀。一八九一年他二十八歲時，成為衛理公會的教師。病情的兩次發作都沒有令他喪失生命的動力，他引起了巧克力製造商約翰·S·胡伊勒的關注。胡伊勒先生向其提供金錢方面的幫助。幾個月以後，這個被認定一定得死的人走出了療養院。

何姆斯開始去教堂，籌募佈道基金，幫助各大學和醫院。這位「單肺牧師」為他的目標籌募了三百多萬美元。他在六十九歲時「退休」，然後佈道一千多次，寫了二本書，為宗教與慈善的目標籌募了五十萬美元，擔任二十個機構的董事，個人還捐出了五萬美元在加州大學附近建了一座教堂。

艾莫·何姆斯從來不知道什麼叫「障礙」。他只知道自己擁有一份生命與生命的目的。他夜以繼日地運轉著生命九十多年，他的名字將永遠成爲「勇氣」的同義詞。而在這非常強調年輕的國家與時代裏，許多年紀較大的人覺得受到了年齡的阻礙，有時候他們感到被架空或者是被時代拋棄。

卡內基還記得幾年前在紐約參加他們課程的一個七十四歲的矮小女人，她不知道她剩下的日子應該怎麼過。

這個女人退休前是一位教師，她的積蓄微薄，所以繼續工作對她的精神和經濟上都有好處。她說，她在教書時，除了本職工作之外，曾經到很多幼稚園講故事給小朋友聽，還配以精心挑選出來的幻燈片。

在卡內基看來這是她所能做的重大貢獻，為什麼不重新開始自己的事業，做一個講故事的人？

這個女人得到了鼓勵，主動去找為促進美國文化做了很多貢獻的福特基金會，提出她為幼稚園小朋友擬定的各種「說故事時間」的計畫。她洽談的對象是一些要求「做給我看看」的人，她竭盡全力說明計畫的價值，結果他們被說服了。故事中溫情、戲劇性和訴求的力量使得他們接受了她的整個計畫。

現在這個女人懷著年輕人的熱情和信心，到處巡迴講故事，給成千上萬的孩子帶去了歡樂。年齡不再是阻礙或是懶散的藉口。她不說「我太老了，無法賺錢過日子」，而是重新評估自己的才能和經驗，制定出計畫，應用才能和經驗，實實在在地推銷構想。她並沒有在七十四歲時變老——她成熟了。有些人認為是障礙的——她的年齡——對她來說卻成了一種激勵和誘因。

蕭伯納對於那些抱怨受到環境阻礙的人感到不耐煩。「老是抱怨環境令他們成為今天這種樣子，」他寫道，「我不相信環境這一套藉口。這個世界上有成就的人是那些尋找他們想要的環境的人；假如找不到，他們就自己創造。」

事實上，如果把心思放在這方面的話，每一個人都能找到可以抱怨的「障礙」。卡內基年輕的時候爲自己的煩惱找了一個理由，那就是他比大多數的同學高。好幾年以後他才感到身高就像其他一切一樣，可能是個長處，也可能是個短處，完全依自己的態度而定。

不成熟的人總是把個人的不同之處視爲障礙，而期望受到特別的考慮。成熟心靈的特徵是認清自己與他人的不同之處，然後接近或改進。

◆障礙是客觀存在的，甚至在某些人看來不是障礙的東西也會成為另外一些人的障礙。一個人一旦在障礙面前卻步，他的人生也就黯淡了。所以，一個有追求的人，絕不會向障礙屈服。

6 突破年齡的困擾

戴爾・卡內基智慧金言

- 如果我們袪除無用的恐懼，集中心思在促進心靈成長和精神成熟上的話，即使身體退化，我們也能保持心靈的年輕與活力
- 保持精神上的活力，就會使你的肉體更活躍，使你整個人更年輕

「我怕的不是年老本身，」卡內基的一個朋友曾經向卡內基坦率地說，「而是經常隨著年老而來的那些不愉快的特徵：自憐、發牢騷、無用、像嬰兒一樣地要求人家注意、活在過去的回憶中以及其他一切可怕的現象。我寧願死掉，也不要像那樣！」

誰不是寧可死掉也不要像那樣？但是這裏有個好消息：我們不一定要那樣！除了退化性的精神錯亂之外，你我沒有理由不能在八十歲時仍像二十、三十歲或四十歲時一樣優雅、風趣、有價值，甚至更優雅、更風趣、更有價值。

我們來看看世界上一些傑出的人物，他們是一心一意地要成熟而不是變老的一些活生生的例子。

伯特蘭．羅素——這個身材瘦小、性情激昂的英國哲學家。他在九十多歲時，也抱怨說他已不能一次走超過五英里的路而不感到累了！他說：「不少人在退休之後不久就因為無聊而死去。我深信那些能夠享受人生的人能夠比較容易地活下去，而一個有足夠生命力活到老年的人未必能活得快樂，除非他保持活躍。」

維多瑞奧．艾曼紐爾．奧蘭多是締結凡爾賽和約時的義大利首相。在九十四歲時，他仍然一天工作十小時，擔任義大利議會活躍的議員、一家成功的法律顧問公司的主持人、律師公會的理事長，以及羅馬大學的教授。

義大利的另一位前任首相法蘭西斯．尼蒂也是個每天工作十小時的人。那時尼蒂已經八十六歲高齡了。

世界上偉大的外科醫師之一拉斐爾．巴斯安里利博士，在九十歲時，每天都有一個連年輕人都會累壞的行事計畫。他一星期要在他的私人醫院為病人動三次手術；每天有固定的上班時間，搞研究，自己開車，駕駛私人飛機。他堅持執行這個行事計畫直到第二次世界大戰。巴斯安里利博士的活力是精神勝過肉體，因為，他從三十歲起，就開始受到風濕性關節炎、胃病和失眠症的折磨。

哲學家班尼狄特．柯羅斯在八十九歲時每天工作十小時，儘管他在此前幾年中過風。

英國已故國王喬治的醫生賀德伯爵，在八十歲時每天仍堅持工作十二小時，而且閒暇時還照顧他的花園、寫詩。

年老的女性也可表現出跟男性一樣的活力。英國的艾麗絲．海倫．鮑爾博士，是英國科學院臨床心理學部門的第一位女性主持人。鮑爾博士八十四歲時，每天的工作都安排得滿滿的，她每天下午睡一個小時午覺，但是她每天都工作到凌晨兩點鐘才休息。

著名的翻譯家奧莉維亞．羅瑟蒂，八十歲時每天工作十六小時，只睡六個小時。

在美國，精力充沛的老者還有偉大的指揮家亞圖羅．托斯卡尼尼，指揮國家廣播公司交響樂團，到一九五四年八十七歲時才離開工作崗位。

中西部的詩人卡爾．桑德堡八十歲時仍然不斷創作出許多文學傑作。還有摩西祖母，七十八歲開始畫畫，成為最受歡迎的畫家之一，在她九十六歲時仍然勤於作畫。

芝加哥大學生理學榮譽教授和國家科學院醫院研究中心主持人安東．朱利斯．卡爾遜博士，在自己八十歲時，每天還花九或十個小時的時間研究老化的問題。卡爾遜博士因為自己的年紀已高而更照顧自己的方法是，將他每天工作的時間從十五小時削減到九或十小時。

這種在高齡時仍然從事重要工作的人不勝枚舉。說他們是特例，或怪人——跟我們普通人不一樣的天才，但無論如何他們的經歷對我們都是一種啓示。

J．W．鐘斯頓老爹在一百歲時仍然天天在加州洛杉磯當木匠。認為將一百磅重的蓋屋頂用的材料搬到二十英尺高的梯子上不算什麼。他說，他不知道生病是怎麼回事。

賓州特拉克斯維爾七十歲的里昂．華茲特太太，體重只有九十六磅，常年受到神經炎和靜脈瘤病痛的侵擾——成年以後動過大約十三次手術。但是，她的兒子告訴我，華茲特太太不僅一直保持心情愉快，而且每天都忙個不停。她不用外人幫忙，自己將一幢九個房間的平房整理得井然有序、一塵不染，照顧大花園裏四壇美麗的灌木和花樹，而且還煮飯燒菜，烘製她那聞名當地的精美點心。

我記得我的家鄉奧克拉荷馬州普華爾的W．A．葛拉翰，他活了一百歲。葛拉翰先生是個大富翁，而且是他那一社區的大恩人。他一百歲時身心仍然都很活躍，每天走十英里路來證明他最喜歡的格言：「一個站著的人抵得上兩個坐著的人。」

新罕布夏的威廉．霍爾，一百多歲了仍然跟兒子一起經營農業。兒子照顧乳牛，老霍爾先生則負責燒飯、做家事等。

緬因州馬奇亞斯波特一〇三歲的尤妮絲．H．巴爾馬太太為想要享受晚年生活的人提供她自己的秘訣：「保持忙碌，讓你沒有時間想到你的煩惱和病痛。」

這些人雖然活得比大多數人久，但都沒有表露出任何老邁、「第二童年期」或我們經常聯想到的老年的一些討厭的特徵與跡象，他們反而展示出馬丁．甘伯特博士所謂的「人生第二高峰」——七十歲以後的一種活力的再現。

如果別人能突破年齡的困擾——能成熟而不只是年紀越來越大——那麼你我也都能。如果我們祛除不必要的恐懼，集中心思在促進心靈成長和精神成熟上的話，即使身體退化，我們也能保持心靈年輕、有活力。

記住社會學家大衛．雷斯曼所說的一句話，將對我們有更多的幫助，他說：「像伯特蘭．羅素或托斯卡尼尼這樣的人，其精神上基本的活力能使得肉體保持活躍……佛洛德得了使他進食困難的口腔癌，卻仍然能充滿活力地活下去，而且活得越來越活躍、獨立。」

是的，學者與專家不斷地發現證據，修正我們原先認爲老年是個衰退無助時期的觀念，它不但不會削減我們的各方面能力，反而會使我們年輕時夢想不到的創造力的復甦和人格的成熟。如果我們以成熟——「成長」——作爲目標，就能真正領悟到我們的晚年正像羅伯．白朗寧所說的：「人生的前期是爲後期而準備的。」

第四章
接受挑戰：達到人生的良性循環

1 貧困並不可怕

戴爾·卡內基智慧金言

· 為脫離貧窮境地而努力工作，是消除貧窮的唯一方法，而努力的過程最能造就人

· 苦難是一本書，偉大人物無不是由苦難造就的

· 貧窮本身並不可怕，可怕的是貧窮的思想，以及認為自己命定貧窮的錯誤觀念

有人問一位著名藝術家，一位跟他學畫的青年將來是否能成為一位著名畫家。那位藝術家回答道：「不，決不可能！他每年有六千英鎊的收入呢！」

這位藝術家的話不無道理，它告訴我們，人的本領是從艱難困苦中奮鬥出來的，在富裕的境況下很難產生有作爲的青年。

安德魯·卡內基曾說過：「不要認爲富家子弟得到了好命運。大多數的紈絝子弟，做了財富的奴隸，他們不能抵禦任何誘惑，以至陷入墮落的境地。」

「要知道，享樂慣了的孩子，決不會是那些出身貧窮孩子的對手。一些窮苦孩子，有的甚至窮得連讀書的機會都沒有，成人後卻成就了大事業。一些普通學校一畢業就投入工廠的苦孩子，開始做著非常平凡的工作。但就是這些苦孩子，就是暫時的無名『英雄』，將來會擁有非常豐富的資產，獲得無上的榮譽。」

爲脫離貧窮的境地而努力工作，是消除貧窮的唯一方法，而努力的過程最能造就人。如果人類成員一生下來口裏就有一把「銀條」，那麼，我們就不需要因爲生存壓力而工作，那麼人類文明就不可能進步。人類就無法走出她的「孩提時代」。

翻開美國歷史，不難發現，大部分成功者都是過去的窮苦孩子。許多成功的卓越人物，比如很多發明家、科學家、大商人、企業家、政治家，都是由於小時候受了貧窮的刺激，努力發展自己的才幹，才成就他們的偉業的。

在美國有許多來自外國的移民，他們沒有受過高深的教育，沒有朋友相助，也沒有優越的生活，可是他們竟在陌生的美國獲得了顯要的地位，擁有巨額財富。他們的成就，足以使家境富裕、知識豐富而最終默默無聞的美國青年自慚形穢。

偉大人物無不是由苦難造就的。

一個人如果好逸惡勞、貪圖享受，就無法戰勝困難，也決不會有什麼大的發展。俗話說得好：「沒有經歷困難的人，他的人生是不完整的。」

如果一個年輕人從出生到長大，一貫依賴他人，從不為自己的「麵包」而奮鬥。這種青年將會白白地浪費他的一生。森林裏的橡樹之所以高大、挺拔，是因為它和狂風暴雨鬥爭的結果。

貧窮就像我們健身房時的運動器械，可以鍛煉人，使人體格強健，所以，貧窮是我們努力奮鬥的最有利出發點。安德魯．卡內基說：「一個年輕人最大的財富莫過於出生於貧賤之家。」貧窮本是困厄人生的東西，但經過奮鬥而脫離貧窮，便會得到無上快樂。

兩度出任美國總統的格魯夫．克利夫蘭起初不過是個貧窮的店員，每年只掙五十美元，他說：「真的，極度貧困激發出的雄心比較真切而持久。」

如果一個年輕人的優越條件讓他感到滿足，不需要他出門工作，那麼他就不會再努力工作了。工作的努力，一方面不但可以滿足自己生活上的需要，而且還可以發展自己的人格，造福人類社會。當然，有的人往往只為自己而奮鬥，他的努力也僅僅求得自己願望的滿足。一個生活優裕的「命運寵兒」說：「一早就起床工作，有什麼意義呢？我將盡情享受人生。」於是，他「翻過身去，再睡一覺」。而唯有那些無所憑藉，無所依賴的孩子，早早就需要起床，勤勤懇懇地工作。他知道，除了自己的努力外，他絕對沒有第二條路可走。他沒有人可以依靠，沒有有力者垂青，只有靠自己，為自己的前途而努力。

很多成功人士的成功經歷證明：世界上一切事業、一切工作，只要人們勇敢堅持去做，總會獲得成功，貧窮就可以很容易消除。

如果普天下的窮人，都能夠從沮喪和絕望的心境中走出來，朝著光明和快樂的方向努力，立志脫離貧困，那麼，他會在盡可能短的時間內，使貧困儘快消失。但現實情況是，極多數人想脫離貧窮，但他們卻不肯努力。

人類具有的兩種高尚品質，和貧困勢不兩立，那就是自信和勇敢。

許多人雖然處在困難境地，雖然遭受不幸，但他們擁有自信和勇敢的秉性，最終能夠制服貧困這個惡魔。如果一個人缺乏勇敢和自信的卓越品質，而只是過一種懶惰、畏縮的生活，那麼他就永遠不能戰勝貧困、奮發有爲。

如果一個人，他的意志非常堅定，要永遠擺脫貧窮，要從服裝、面容、態度等生活的各個方面「拭」去貧困的痕跡，要表現出自己卓越品質，要一往無前地去爭取「富裕」與成功，那麼世界上應該沒有任何事能動搖他的決心。這樣，他的自信自然會大大增強，使他發揮出他的潛在能量，最終擺脫貧困，獲得驚人成就。

如果一個人安於貧困，視貧困爲正常狀態，不想努力「掙脫」貧困的束縛，那麼，他身體內潛伏的力量就會失去它的效能，他一生將永遠不能脫離貧困的境地。

還有一些人，由於缺乏脫離貧困的自信，把貧困視作他們的命運，那麼他們實在沒有希望，除非他們自己能恢復已經失去的自信，擺脫甘願受命運擺佈的思想。

其實，貧窮本身並不可怕，可怕的是貧窮的思想，以及認爲自己命定貧窮的錯誤觀念。

一旦處於貧窮的境地，就認爲自己命定貧困，這確實是絕對的謬誤。

◆如果你覺得自己目前前途無望，覺得自己周圍的一切都黑暗慘澹，那麼你就應當立即「轉過身」去，走向另一面，朝著希望和期待的陽光前進，將黑暗的陰影盡數拋棄。

2 行動可以解決一切

戴爾・卡內基智慧金言

- 我們常常會有很多機會，可是因為沒有作好準備，卻很少能發現它
- 當時機到來，不要擔憂，不要拖延，不要找任何藉口，而要果敢地立即行動
- 成功的前提是在必要時擁有行動的能力。作決定和執行決定是成功的第一步

一九四六年，加拿大尼亞加拉大瀑布鎮一個名叫卡斯楚的年輕人，從軍隊中退役返鄉。他不久就找到了一份安大略水力發電公司機械工的工作。安穩、快樂地工作了十八個月後，有一天老闆告訴卡斯楚一個好消息——他將升為重柴油

機械維修主管。

「我當時就擔起心來，」卡斯楚先生說，「原來我一直是個快樂的機械工，現在卻成了領班，責任壓得我透不過氣來，無論醒著或睡著，在家或在廠裏，焦慮總是伴隨著我。」

「終於，我一直擔心、害怕的重大事件發生了。當時我正走向一座應該有四部由牽引機牽引的巨型挖掘機的砂石場。那裏，一切似乎安靜得很不自然，很快，我就找到原因，四部巨大的牽引機全部都壞了。」

「過去的憂慮跟當時的擔憂比起來都算不上什麼了。我向上司報告四部牽引機都壞了的消息時，整個腦袋快要炸開了。急促地報告過這個消息之後，我等著屋頂『塌』下來壓在我身上。」

「然而屋頂並沒有『塌』下來。我的上司滿臉笑容地對我說了一句話——就是活到一千歲，我都不會忘記那句話。那句話是：『把它們修好！』」

「我的擔憂、恐懼和焦慮頓時煙消雲散了，上下顛倒的世界又恢復了原來的樣子！我走出去，拿起工具，開始修理機器，那句美妙的話：『把它們修好』，是我生命中的一個轉捩點，它改變了我對工作的處理方法。從那時候起，我每天都感謝那位上司，並熱心工作。我抱定一個決心，那就是如果出了任何差錯，我就想辦法把它解決掉，而不僅僅是擔憂。」

卡斯楚走出了人生的低谷。之所以如此，是因爲那位上司的「超群」賞識，使他深深懂得：成功的前提，是在必要時擁有行動的能力。

作出決定和執行決定，是成熟的一環。

當然，我們必須研究問題，我們必須從各個角度分析研究問題，但是我們不得不採取明確行動解決問題的時候總會到來。

許多人不敢擔負起做決定、執行決定的責任，面對機遇，沒有行動、沒有抓住的人占大多數。當時對他們而言，出差錯或失敗的恐懼，遠比成功的喜悅更具有吸引力。因此他們盡可能避免負責任的情況，甚至必須作決策時，他們反而會陷入擔憂、恐慌和遲疑中。這樣會拖延必要的行動所引起的內心衝突和緊張，很有可能造成身心的崩潰，而且往往真的造成這種惡果。

我們經常碰到那些爲過去後悔的人，他們的問題是恐懼，進而逃避。

美國康奈爾建築公司董事長艾倫．康奈爾十八歲時在一家小型建築公司做輔助工人，由於勤奮、能幹而深受包工負責人的青睞，並得以跟著他學了不少知識。

時間剛剛過了一年，一件突發事件改變了他的命運：那個包工頭出了嚴重車禍，需要回家養傷，於是，他提出由康奈爾擔任負責人。

機遇擺在他的面前，但自己能行嗎？面對一百多名來自老家的建築工人，每個人都比他年齡大得多，資歷比他老得多，是退卻還是接受，他陷入兩難中。他想到自己貧窮的母親，想到了自己的夢想，於是還是咬牙接受了。

事實也證明他的擔憂不無道理：有的技術工人提出不合理要求，原來的幾個副手「逼宮」，有一個副手鼓動工人鬧事，等等。

經過「比賽」，他「收服」了某些不服氣的技術工人；他辭退了遊手好閒者；他用嫺熟的人際交往技巧贏得廠全體工人的心。

幾年後，他成立了自己的建築公司，後來他的公司成了美國東部最大的建築公司之一。

印第安州波利斯的泰德·G·斯坦坎普說，在他幼年時，父親就告訴了他遇事不能逃避的道理。事情是這樣的：

泰德的前提是十二歲時挨了鄰居家一個孩子王的一頓暴打，因此決心留在家裏不出門。他認為這樣做比較保險。幾天之後，泰德的父親給他一些錢讓他去看電影或買霜淇淋吃，用來獎勵他幫忙割草。泰德收下父親給他的錢，但是不去看電影（平常他是最喜歡看電影的）——怕遇見那個揍他的孩子。

「我父親問我是不是生病了，」泰德說，「我只是支吾其詞。第二天傍晚，我冒險到巷子裏去玩彈子。後來我看見我的敵人——這時候的他看起來簡直就像《聖經》裏那個被大衛王殺死的菲利斯丁大巨人一樣可怕。他向我衝過來，我拚命地跑進我的車庫裏，氣喘吁吁，嚇得全身發僵，然而我卻發現，我正跟我爸爸面對面。他問我究竟在幹什麼，我軟弱地解釋說我們在玩捉迷藏。這時候巷子裏冒出一個聲音說：『出來，你這膽小鬼！』」

「我爸爸拿了一條大約兩英尺長的、厚厚的汽車皮帶走過來，然後平靜地告訴我說，要是不出去面對巷子裏的那個男孩的話，就得躲在車庫裏挨皮帶。由於我猶豫得太久了點，皮帶落在我的屁股上，那種痛楚超過打架時挨過的拳頭。」

「我像顆炮彈般衝出車庫，出其不意地攻擊那個孩子。我一拳打過去，他沒有心理準備，因此我又痛痛快快地揍了他一頓，把他趕出了巷子。」

「接下來的幾天是我童年記憶中最快樂的日子。我充分享受勇氣所帶來的報酬，重新找回自尊。而且我學到了一個我長久以來一直珍藏的真理。」

「後來我意識到與其說是我怕父親的皮帶，不如說是父親的皮帶幫了我，因為我身後的父親『變成』了我的『護身符』，我只不過是抓住了『父親在場』這個機會而已。」

抓住機遇，作出決定並付諸行動的能力，是保護自己的要素之一。

雖然生活對多數人來說，大部分時間都是循常規前進，但誰也無法預知什麼時候會發生緊急狀況，因此衡量可行的辦法、迅速採取行動，並選擇最好的方案付諸實施的習慣，可能有一天會成為左右我們自己以及依靠我們的人生死的關鍵。這種情況就在艾爾・拜瑟普的生命裏發生過。

艾爾・拜瑟普家住在俄亥俄州春田鎮。拜瑟普夫婦帶著三歲的小女兒開車去度耶誕節時遇到了大風雪。高速公路上的車子都被迫停了下來，他們想要調回頭，但是後面的道路也被風雪阻斷了。

「我們憂心忡忡地等了一個小時，」拜瑟普先生回憶說，「黑夜逐漸降臨，天氣越來越冷，風一陣陣地將雪吹到我們的車子上，越積越高。我看看妻子和女兒，我知道如果我們想活命就必須想個辦法。」

「我想起了我們曾在不遠處經過一幢農舍，如果到達那裏就得救了。」

「過了大約十分鐘，風雪突然小了一些。我抱起小女兒，開始穿越雪地。那是一段非常艱苦的路程，我陷入齊腰深的積雪裏，艱難跋涉。但我們成功了！」

「接下去的二十四小時，我們一直在農舍裏度過，那是我們以及另外三十三個同樣受困於風雪的人的避風港。如果我們陷入困境後沒有抓住機會及時採取行動，都將會悲慘地死在冰冷的雪堆裏。」

是的，有時除了思考和分析外，還需要果斷、勇敢、立即行動。

◆當行動的時機來到時，不要擔憂，不要拖延時間，不要找任何藉口。唯有行動才可以解決一切。

3 接受不可避免的事實

戴爾・卡內基智慧金言

- 苦難是人類生活的一部分，只有切切實實去面對，才是成熟的做法
- 人沒有任何理由絕望。面臨不幸時，你應該更看到自己擁有的幸福
- 不幸並非就是世界末日。有時候，它會變成我們行動的催化劑，促使我們潛能的發揮

生命並不是一帆風順的幸福之旅。而是時時擺動在幸與不幸、沉與浮、光明與黑暗之間。我們不能像駝鳥一樣把頭埋在沙灘裏，拒絕面對各種麻煩，麻煩不會因此獲得解決。苦難是人類生活的一部分，只有切切實實去面對，才是成熟的做法。

有一名學生告訴過卡內基一個故事。

麥可在一九四八年二十一歲，但已經進入軍中服役，並參加了以色列和阿拉伯之間的戰爭。他在一次戰役中眼睛受了嚴重的傷害，因此看不見東西。雖然他承受這麼大的傷害和痛楚，但個性仍然十分明朗。他常常與其他病人開玩笑，並把配給自己的香煙和糖果分贈給好朋友。

醫師們都盡心盡力想恢復麥可的視力。有一天，主治大夫親自走進麥可的房間對他說：

「麥可，你知道我一向喜歡向病人實話實說，從不欺騙他們。現在我要告訴你，你的視力是不能恢復了。」

時間似乎停止下來，房間裏呈現可怕的靜默。

「大夫，我知道。」麥可終於打破沉寂，平靜地回答說：「其實我一直都知道會有這個結果。非常感謝你們為我費了這麼多心力。」

幾分鐘後，麥可對朋友說：

「我覺得我沒有任何理由可以絕望。不錯，我的眼睛瞎了，但我還可以聽得很好，講得很好啊！我的身體強壯，不但可以行走，雙手也十分靈敏。何況，就我所知，政府可以協助我學得一技之長，以讓我維持生計。我現在需要的，就是適應一種新生活罷了。」

這就是麥可，一名擁有明亮視野的盲眼士兵，由於忙著計算自己所擁有的幸福，因此沒有時間去詛咒自己的不幸。這才是百分之百的成熟——也就是我們要面對問題的方法。

我們每個人有生之年都要面對這樣的考驗——你、我還有住在我們隔壁的那個鄰居。對天叫喊：「爲什麼這會發生在我身上？」一類厭語的人來說，只有一個答案：「爲什麼不呢？」

上帝並不偏愛任何人。身爲一個人，我們都得歷經一些苦難，正好像我們也歷經許多喜樂一樣。遲早，生活本身便會教我們明瞭：在受苦受難的經歷裏，我們每個人都是平等的。無論是國王或乞丐、詩人或農夫、男性或女性，當他們面對傷痛、失落、麻煩或苦難的時候，他們所承受的折磨都是一樣的。無論任何年紀，不成熟的人會表現得特別痛苦或怨天尤人，因爲他們不瞭解，諸如生活中的種種苦難，像生、老、病、死或其他不幸，其實都是人生必經的階段。

◆人生在世，很多事情是不可避免的，但只要勇敢面對，正視一切，就可以走出苦難的漩渦，迎來人生的光明。

4 承受苦難，挑戰不幸

戴爾・卡內基智慧金言

・不幸並非總是絕對，有時候它只是一種逼我們採取行動的契機

・我們都不免遭遇痛苦，它們是無可改變的。但是我們擁有一份抉擇，我們可以接受不可避免的災厄並自我調適

一九四五年八月，第二次世界大戰對日作戰勝利紀念日過後的兩天，瑪麗・艾麗絲・布朗太太走進她加拿大渥太華的家，站在那裏傾聽滿室空寂。

幾年以前，她的丈夫在車禍中喪生了。之後跟她同住的母親去世。最後，布朗太太描述出這幕悲劇：「當鐘聲和哨笛宣佈和平已經來到時，我唯一的孩子——唐納——也死了。家裏只剩下我獨自一人。」

「我永遠也不會忘記從孩子的葬禮中回到家裏時所經歷的那種空虛感。再沒有比家更空寂的地方了。我悲傷、害怕得喘不過氣來；試著一個人活下去並改變生活的方式，但是這只能令我恐懼。而最大的恐懼則是怕自己會傷心得發瘋。這太可怕了。」

接下去的幾個星期裏，布朗太太在悲傷、恐懼和孤獨中茫然度過。她痛苦、惶惑，難以接受已經發生的事。她說：「慢慢的，我瞭解到時間會幫我撫平創傷，但是時間過得這樣慢，我得找點事分散一下心思。所以我去工作。

「隨著日子一天天地過去，我發現自己又開始對生活、同事、朋友有了興趣。有一天，我醒悟到最大的不幸已經悄然過去，將來的一切都會變好。原先我真愚蠢，怨天尤人、自暴自棄，拒絕接受現實。時間已經教會我怎樣接受無法改變的事實了。

「這是個緩慢的過程，不是幾天或者幾星期的事，而是漸進的，但重要的是我已經學會了面對現實。

「現在，當我回顧生命中的那個階段時，就覺得一切好像一艘經歷了暴風雨但已經航行在平靜海面上的船一樣。」

有些悲劇就如同布朗太太所經歷過的一樣，大得超出人類的承受極限，但我們只能接受。當布朗太太強迫自己去接受失去所愛的人這個事實時，她已經準備好接受時間的治療。開始她對命運的抗拒和怨恨就如同把毒藥倒在傷口上一樣，使得時間無法將其治療。

面對失去親人的不幸只有一個方法——接受它。當我們的生活被撕扯得四分五裂時，只有時間的手才能修補彌合，然而我們必須給時間以機會。剛受到悲傷的打擊時，彷彿世界上所有的時鐘就此停止了，我們的痛苦、悲傷將永遠持續下去。但是我們必須繼續前進，完成人生的目的。當我們強迫自己活下去時，痛苦就會減輕了。我們會在回憶起快樂的往事時感到幸福將取代悲痛而到來。只有我們避免內心的痛苦、怨恨，接受無法逃避的事實，時間才會幫助我們克服不幸。

不幸並不總是如此絕對，有時候它只是一種逼我們採取行動的契機；一種增進我們本身條件的必要誘因，它使我們的智慧變得敏銳；令我們脫離困境。

以下一句箴言據說出自印度的訖哩什那神。

「真正圓滿的人生不是平淡單調的幸福，而是曾經英勇地面對過不幸。」

人常常因爲「曾經英勇地面對過不幸」而加深、強化、獲益。「不幸」使我們發揮深埋在內心的資源——除非必要的情況逼我們加以運用，不然可能永遠埋沒潛伏在心底的資源和能力。哈姆雷特不朽的名言「採取行動對抗無數的困難，將它們解決掉」，便是擺脫不幸的第二種方法。

你可曾到過美國西南部的沙塵暴地區？你可曾見過無情的風沙席捲農場奪去人的生命？你可曾日復一日地生活在沙塵中，所見、所聞、所吞進的都是沙塵？

這是一個住在沙塵暴地區的年輕人二十一歲親身經歷的故事。

有一天，這位年輕人發現他已經一無所有——他的雙親在與風沙和乾旱的艱苦搏鬥中死去；沒有收成，穀倉裏一無所存，任何可以吃的東西都沒有了；唯一可算得上「財產」的，是他還有一個八歲的妹妹。他成了一家之主。他沮喪地坐著聆聽永恆的沙塵飛撒在屋瓦上。

突然，門被打開了，他八歲的小妹妹跟她的同窗好友走了進來。

「吉米，」她充滿希望地問她大哥，「可不可以給我一角銀幣？我們一起去店裏買一些餅乾。我們各需要一個一角銀幣。」

吉米呆呆地坐著，很久沒有回答——因為他連一個一角銀幣都沒有。他把消瘦的雙手伸進粗棉布工作服的口袋裏，掏出空空的口袋。

「小可愛，」他輕聲地說，「對不起，我連一個一角銀幣都沒有。」

那一天晚上，吉米睡不著覺，因為他一直想著小妹妹轉身離去時的失望表情。這就是他的處境——甚至沒有一個一角銀幣可以給他的小妹妹！吉米默默地承受著一切！父母的死亡，農場上的辛苦勞累，還有那摧毀穀物、奪去他的糧食的沙塵。就連給小妹妹向他要求的一角銀幣都沒有。這是逼吉米振作起來採取行動的最後一個不幸。就在天將亮時，他下定了決心。

吉米原本想要成為教師的，然而當他父母雙亡時，他覺得該留在家裏，繼續經營農場。沙塵擊敗他，如同擊敗他的雙親一樣。是該試試其他方法的時候了，所以第二天吉米進城找了一份工作。為了他夢想的教書工作，他借書回農場去，利用晚上妹妹上床後的時間開始研讀。後來他真的成了當地鄉村學校的教師，贏得了鄉人的尊敬與羨慕。

「不幸」——以一個小女孩向她的哥哥要一個一角銀幣的形式——逼得吉米振作起來，發奮圖強，並逐漸走出了困境。現實生活中這樣的事情很多很多。有的時候，明智的行動甚至可以紓解跟自己所愛的人分離的痛苦。

柯文頓太太剛照顧三個孩子度過危險的病期，醫生就告訴她，她丈夫又患了嚴重的心臟病，隨時都可能去世。

「我心中充滿了恐懼，開始憂心忡忡，」柯文頓太太寫信告訴我說，「我晚上睡不著覺，不久就瘦了十五磅。醫生警告我，我快要精神崩潰了。一天晚上又睡不著時，我問自己：『擔憂能有什麼用呢？』第二天早上我就開始計畫做一些事情。我知道我丈夫會做傢俱，所以我告訴他我想要一個小床頭櫃，問他願不願意幫我做一個。他說如果我設計出來他就做。第二天我將設計圖紙交給他，他花了幾個下午的時間幫我做。我注意到他在工作時顯得特別快樂。後來，他又為喜愛我的小床頭櫃的朋友做了許多件小傢俱。

「然後我們又在花園裏種了些蔬菜和花。我們摘下最好的蔬菜送給朋友，發掘一切可以幫助別人的小事。沒有事情可做時，我們就花上好幾個小時計畫、研究該在果園裏種些什麼。

「有一天，在一點鐘左右我丈夫突然去世了。那時我才瞭解到過去的一年是我生命中最快樂的一年，而不是充滿了陰森的壓力、隨時擔心我丈夫去世的一年，我已經盡我所能面對悲劇了。」

柯文頓太太勇敢地面對不幸，令她丈夫度過了生命中快樂而有意義的最終一年，並且為自己留下了夫妻共同參與活動和愛的美好回憶。

人生不是幸福歡樂綿延不斷的旅程。它有光明，也有黑暗；有高峰，也有低谷；有陽光，也有陰影。

◆煩惱不會因為我們拉高被單蒙住眼睛拒絕面對它而放過我們，它是人生的一部分，而我們的成熟與否跟我們對待煩惱、不幸的態度有密切的關係。

【經典新版】卡內基人性揭密教典

編者：舒丹、楊菁、王蕾
原作：戴爾・卡內基
發行人：陳曉林
出版所：風雲時代出版股份有限公司
地址：10576台北市民生東路五段178號7樓之3
電話：(02) 2756-0949
傳真：(02) 2765-3799
執行主編：劉宇青
美術設計：吳宗潔
行銷企劃：林安莉
業務總監：張瑋鳳

初版日期：2021年8月
版權授權：台海出版社
ISBN：978-986-5589-51-6

風雲書網：http://www.eastbooks.com.tw
官方部落格：http://eastbooks.pixnet.net/blog
Facebook：http://www.facebook.com/h7560949
E-mail：h7560949@ms15.hinet.net
劃撥帳號：12043291
戶名：風雲時代出版股份有限公司

風雲發行所：33373桃園市龜山區公西村2鄰復興街304巷96號
電話：(03) 318-1378
傳真：(03) 318-1378
法律顧問：永然法律事務所 李永然律師
北辰著作權事務所 蕭雄淋律師

行政院新聞局局版台業字第3595號 營利事業統一編號22759935

定價 ：270元

國家圖書館出版品預行編目資料

【經典新版】卡內基人性揭密教典 / 舒丹, 楊菁, 王蕾著. -- 臺北市：風雲時代出版股份有限公司, 2021.04；面；　公分

ISBN 978-986-5589-51-6 (平裝)
1.生活指導 2.成功法

177.2　　110003725